裁判官になるには

なるにはBOOKS 132

飯島一孝 著
最高裁判所 協力

ぺりかん社

はじめに

裁判官というと、黒い法服を着た姿で被告《ひこく》に判決を言《い》い渡《わた》す場面をイメージすることでしょう。日本には現在、約500の裁判所があり、裁判官約3500人、一般《いっぱん》職員約2万2000人が働いています。法制度は、こうした人たちによって維持《いじ》されているのです。

裁判官になるには、原則として司法試験に合格しなければなりません。この試験は文系では最難関の試験といわれ、ひと昔《むかし》前までは何年も勉強しないと合格できないとされてきました。2004年の改革で法科大学院ができ、司法試験の合格率は上がってきています。

司法試験に合格すると、約1年間、司法研修所で修習を受けます。そこで裁判官、検察官、弁護士の実務を中心に学び、修習修了後《しゅうりょうご》にどれか一つを選択《せんたく》します。今回、この本の取材のため、現役の裁判官にインタビューをしました。裁判官になろうと決めたのはいつかを聞いたところ、司法修習を受けてから決めたという人がほとんどでした。選んだ決め手は、「ベテラン裁判官の話を聞き、感銘《かんめい》を受けた」「模擬《もぎ》裁判で裁判官役を演じ、やりがいがありそうだと感じた」などさまざまでした。

法律の仕事にたずさわる裁判官、検察官、弁護士は法曹《ほうそう》三者と呼ばれています。2020年1月、内閣が検察庁ナンバー2の東京高検検事長の定年を突如《とつじょ》、半年間延長《えんちょう》することを閣議決定しました。それまで検察官には定年延長の規定がなかったため、内閣は約1カ月後、定年延長を盛《も》り込《こ》んだ検察庁法改正案を国会に提出しました。だが、「内閣に近い東京高検検事長を検事総長に据《す》えるための恣意的《しいてき》な法案」とみなされて国民の反発を買い、内閣は結局、改正案を引《ひ》っ込《こ》め廃案にしたのです。

この背景には、検察官の人事を内閣の思惑《おもわく》で左右することへの、強い危機感が国民のあいだにあったことがうかがえます。こうしたことがまかり通れば、内閣が裁判官や検察官の人事に介入し、国会、内閣、裁判所の独立した機関による三権分立を破壊《はかい》しかねないからです。それだけ、司法の厳正中立が重視されているといえるのではないでしょうか。

ところで、現役の裁判官に仕事について聞くと、「満足度が高く、ずっと続けていきたい」「裁判官は実際に裁判を動かしていく重要な役割を担っている」などと、やりがいを実感している人が多くいました。また、裁判所では裁判官だけでなく、書記官や事務官と協力して仕事をしているので、「チームワークが大事」という声も聞かれました。

私は若いころ、新聞記者として裁判所を取材した経験がありますが、裁判官や書記官のみなさんが親切で、ユーモアのセンスもある人たちだなと感心したことを覚えています。この本を読んで、裁判官や書記官の仕事ぶりに関心をもっていただければ幸いです。

著者

裁判官になるには　目次

はじめに …… 3

[1章] ドキュメント 良心と法律で判断

ドキュメント1 民事事件の裁判官 …… 10
信夫絵里子さん・東京地方裁判所民事部

ドキュメント2 刑事事件の裁判官 …… 22
小池健治さん・千葉地方裁判所刑事部

ドキュメント3 家庭裁判所の裁判官 …… 33
本田 晃さん・さいたま家庭裁判所家事部

[2章] 裁判官の世界

裁判とは何だろう? …… 46
古代から現代までの裁判

裁判所と裁判官 …… 48
日本における裁判官の誕生／裁判所法の制定／全国で活躍する裁判官／裁判所の種類／「憲法の番人」最高裁判所

裁判官の仕事 …… 56
裁判は三審制／民事裁判と刑事裁判／裁判官は一人制と合議制／最高裁裁判官の国民審査
【Column】裁判官のバッジ …… 63
民事裁判の流れ …… 64
民事裁判
刑事裁判の流れ …… 67
刑事裁判／裁判員裁判10年の成果と課題
ミニドキュメント1 刑事裁判の実際 …… 74
司法記者の見た殺人事件の公判
家庭裁判所の手続きの流れ …… 80
家事事件／少年事件
裁判を支える人たち …… 87
裁判所で活躍するプロフェッショナル／専門職としてみがかれる技能
ミニドキュメント2 裁判所書記官 …… 90
高橋寛幸さん・東京家庭裁判所家事部
ミニドキュメント3 家庭裁判所調査官 …… 96
武田一葉さん・横浜家庭裁判所家事調査官室

生活と収入 …… 102
裁判官の勤務形態／女性裁判官の比率が増加／給与

裁判官のこれから …… 106
現代社会の変化へ順応し切磋琢磨を

【Column】裁判官の法服 …… 108

［3章］なるにはコース

資質と心構え …… 112
裁判官の基本理念／求められる資質

法曹資格の取り方 …… 115
まずは司法試験を突破／法科大学院へ進学して受験／予備試験を経て受験／最近の司法試験の結果

司法研修所での司法修習 …… 121
司法研修所での「導入修習」「集合修習」と修習地での「実務修習」／寮生活で培う連帯感

【なるにはフローチャート】裁判官 …… 127

【なるにはブックガイド】 …… 128

【職業MAP！】 …… 130

※本書に登場する方々の所属等は、取材時のものです。

［装幀］図工室　［カバーイラスト］和田治男　［本文イラスト］川島星河　［本文写真］編集部

「なるにはBOOKS」を手に取ってくれたあなたへ

「働く」って、どういうことでしょうか?

「毎日、会社に行くこと」「お金を稼《かせ》ぐこと」「生活のために我慢《がまん》すること」。

どれも正解です。でも、それだけでしょうか? 「なるにはBOOKS」は、みなさんに「働く」ことの魅力《みりょく》を伝えるために1971年から刊行している職業紹介《しょうかい》ガイドブックです。

各巻は3章で構成されています。

[1章] ドキュメント 今、この職業に就いている先輩《せんぱい》が登場して、仕事にかける熱意や誇《ほこ》り、苦労したこと、楽しかったこと、自分の成長につながったエピソードなどを本音で語ります。

[2章] 仕事の世界 職業の成り立ちや社会での役割、必要な資格や技術、将来性などを紹介《しょうかい》します。

[3章] なるにはコース なり方を具体的に解説します。適性や心構え、資格の取り方、進学先などを参考に、これからの自分の進路と照らし合わせてみてください。

この本を読み終わった時、あなたのこの職業へのイメージが変わっているかもしれません。「やる気が湧《わ》いてきた」「自分には無理そうだ」「ほかの仕事についても調べてみよう」。

どの道を選ぶのも、あなたしだいです。「なるにはBOOKS」が、あなたの将来を照らす水先案内になることを祈っています。

1章

ドキュメント
良心と法律で判断

ドキュメント 1 民事事件の裁判官

判決は納得がいくまで議論して決める

東京《とうきょう》地方《ちほう》裁判所《さいばんしょ》民事部《みんじぶ》
信夫《しの》《ぶ》絵《え》里《り》子《こ》さん

信夫さんの歩んだ道のり

1981年神奈川《かながわ》県横浜《よこはま》市生まれ。慶應《けいおう》義塾《ぎじゅく》大学法学部政治学科卒業後、司法試験に合格。1年6カ月間の司法修習を経て2006年10月、裁判官に任官した。修習59期。初任地は横浜地裁。その後、水戸《みと》地裁・家裁土浦《つちうら》支部、京都《きょうと》家裁を経験。2018年4月から現職。司法修習同期の弁護士と結婚《けっこん》し、現在は娘《むすめ》2人の母親。

大所帯の地裁で「一般《いっぱん》事件」を担当

東京地方裁判所は法務省、検察庁などの高層ビルが並《なら》ぶ東京・霞《かすみ》が関《せき》の官庁街にある。東京地裁はその中の、19階建ての合同庁舎にある。建物は、民事部と刑事部に大きく分かれていて、51部の大所帯をかかえる民事部は建物の上方に、20部の刑事部は建物の下方に位置する。民事、刑事とも各部に3人以上の裁判官が所属している。

建物の14階にある民事28部を訪れると、信夫絵里子判事が待っていてくれた。民事部は専門部と通常部に分かれていて、28部は一般《いっぱん》事件を扱《あつか》う通常部だ。裁判官は信夫さんを含《ふく》め4人いる。

信夫さんに、主にどんな事件を担当しているのかを尋《たず》ねた。

「不倫《ふりん》の慰謝料《いしゃりょう》請求《せいきゅう》や、家賃の不払《ふばら》いで建物の明《あ》け渡《わた》しを求める訴訟《そしょう》などさまざまです」

明快で、歯切れの良い答えが返ってきた。

一方、専門部は、行政事件を担当する行政部、企業《きぎょう》がらみの事件を担当する商事部、労働事件担当の労働部、仮《かり》差し押さえや仮処分を担当する保全部、交通事件を扱《あつか》う交通部などに分かれている。

信夫さんはなぜ、法曹《ほうそう》三者のなかから裁判官を選んだのだろう。理由を聞いた。

「司法試験を受けている時は弁護士になるつもりで勉強していました。裁判官に決めたきっかけは、司法修習で裁判官が自由に意見を出し合って合議しているのを見学し、模擬《もぎ》裁判で裁判官役を経験したことです。紛争している当事者同士を公正中立な立場できっちり整理できるようになったら、やりがいを感じるのではと思い、裁判官を選びました」
自分で擬似《ぎじ》体験してみて、さまざまな事件を審理《しんり》・裁判する役割に魅力《みりょく》を感じ、弁護士から裁判官へと志望を変更《へんこう》したのだ。

民事裁判官の一日

裁判官としての平均的な一日のスケジュールを語ってもらった。

だいたい午前9時過ぎに出勤して、裁判のある日は10時に法廷《ほうてい》に入る。10時半過ぎまで法廷《ほうてい》手続きをし、午後は1時10分くらいから法廷《ほうてい》を再開する。証人尋問《じんもん》が行われている時は午後4時半くらいまで法廷《ほうてい》が続くが、尋問《じんもん》がない時は執務室《しつむしつ》で文書を読んだり、当事者に集まってもらって、主張と証拠《しょうこ》の整理をする手続きをしたりしている。

資料に囲まれて執務室での作業

判決文を書き、署名と捺印

また、法廷《ほうてい》が開かれない日は判決文を書いたり、裁判の準備を集中して行う。代理人などから届いた書面に目を通すこともこうした日にまとめて行うようにしているという。勤務は午後5時までだが、日によっては残業することがあるという。

信夫さんには、立会書記官が2人ついていて、書記官は弁護士など裁判関係者と次回裁判期日の調整をするなどして、信夫さんをサポートしている。

裁判でのやりとり

これまでの経験でいちばん印象に残っている事件は何かと聞いたところ、信夫さんは水戸家裁土浦支部で勤務している時に担当した少年事件をあげた。その事件の少年は女子高生で、家庭環境《かんきょう》が複雑であり、将来、犯罪の恐《おそ》れがあるとして児童相談所から送られてきた。

「女子高生は、将来、罪を犯す恐《おそ》れがあるといえるほどの状況《じょうきょう》ではなく、何の処分もしないという判断をしました。ただ、女子高生は、両親との折り合いが悪く、家にも帰ることができないような状況《じょうきょう》でした。誰《だれ》かが手を差し伸《の》べてあげないといけませんが、裁判所で保護できるわけでもないので、何もできませんでした。裁判官としては悔《くや》しい気持ちもありましたが、裁判所は福祉施設《ふくししせつ》ではないので、審判《しんぱん》でもできるだけ本人にそういう内容が伝わるように言葉を選んで話をしました」

審判《しんぱん》後、しばらく経ってから信夫さんのもとへ女子高生から手紙が届いた。そのなかには、「審判《しんぱん》での裁判官の話がとても納得できました」という一文があった。最後に、「がんばります」という本人の意気込《いきご》みも書かれていたという。

信夫さんは「私が何かをしてあげられたというわけではありませんが、自分が一生懸命《いっしょうけんめい》、彼女に話しかけ、語りかけた言葉が、少しでも伝わったのかなという気がしました。裁判で手紙をもらったのははじめてということもあり、すごく印象に残っています」とふり返った。

その後、裁判官としてやりがいを感じた事件をあげてもらおうと話を向けたが、信夫さんは「やりがいというよりも、判決を書いて結論を出すと、一つ事件が終わってよかったと思う半面、『あの時、こうすればよかったな』と反省することも少なくないのです」と答えた。どの事件にも真摯《しんし》に取り組み、裁判の一つひとつが経験になっているという様

法服を着て法廷へ

子が感じられた。

おたがいが譲《ゆず》り合《あ》う「和解」

民事裁判では、判決の前に原告と被告《ひこく》が合意して和解が成立する場合もある。信夫さん自身も、裁判官を含《ふく》む三者のあいだで協力関係ができ、和解が成立した時は「よかったなと思う時があります」とふり返った。

「判決になると、100か0かの判断をするしかないということが多いのです。一方で、和解であれば、ここはこうして、そちらはそうして、というようにすり合わせができるので、和解がまとまった時はうれしいですね。もちろん、和解に限らず、今はすべての事件が勉強になっていると感じています」

裁判所の役割は意外とアクティブ

続いて、裁判官ならではの特徴《とくちょう》や弁護士、検察官との関係についての話になった。信夫さんは裁判官になる前となってからは、そのイメージが大きく変わったという。その変化の移り変わりをつぎのように具体的に語ってくれた。

「裁判官になる前は、裁判官は、検察官や弁護士と違《ちが》って、法廷《ほうてい》に出てきた証拠《しょうこ》や社会通念をもとに一人で黙々《もくもく》と判決を出すのだと思っていた面がありました。なってみて知ったことは、裁判官は、最終的な判断は自分自身で決めなければなりませんが、そこに至る過程においては、決して一人きりで仕事をしているわけではなく、ほかの裁判官や書記官の意見を聞いたり相談しながら仕事をしている

裁判官のやりがいや特性について語る信夫さん

手続きについて裁判官同士で相談

ということです。１人で担当する事件のほかに裁判官が３人で担当する事件もありますが、そこで裁判長の意見がいちばん優先されるかというと、そうではありません。『ここはどうなんですか』とほかの裁判官が言うと、議論してみようとなります。自分が納得しないまま結論が出てしまうことはありません。最終的には、理屈《りくつ》で正しいか、証拠《しょうこ》から読みとれる事実として適切かがポイントなんです」

　裁判官の合議が決して上意下達式に行われるのではなく、あくまで証拠《しょうこ》から読みとれる事実を裁判官３人で対等に議論する姿勢がうかがえる。

　さらに、信夫さんは法廷《ほうてい》での裁判官、検察官、弁護士の関係についてふれた。

「裁判官になる前は、検察官と弁護士が主張と証拠《しょうこ》を持ち寄って法廷《ほうてい》で展開し、それを裁判官が判断するという比較《ひかく》的受け身なイメージをもっていました。けれど、実際には裁判官が事件の内容をきちんと理解し、当事者に『ここが足りていないですよ』と指摘《してき》して積極的に事件を動かしていかないと、裁判が停《てい》滞《たい》してしまうことがあることがわかりました。裁判官が担っている役割は、意外にアクティブで重要だと感じています」

また、女性としての働き方や職場での印象を聞いた。

「女性だから有利、不利ということはないと思います。裁判所にはあらゆる社会の問題を反映した事件がやってくるので、いろいろなことを少しでも経験していたほうがいいと思います。私も育休をとっていた期間には、専業主婦の方や他職種の方との繋《つな》がりができたりして、以前より多様な視点をもてるように

資料や書類などを読み込み、争点をしぼります

法廷の様子

なったと思います。ライフステージのなかでいろいろな場面を経ることは、仕事の面でも役に立つと思います。女性だからといって、デメリットを感じることはないですよ」

司法への興味がきっかけ

信夫さんは、中高生に向けて、裁判官という仕事をつぎのように話してくれた。

「もともと小学生のころに地検特捜部《とくそうぶ》が家宅捜索《そうさく》に入るニュースをテレビで見て『これが正義を守る人たちなんだ。かっこいいな』と思ったのが司法に関心をもった始まりです。自分が裁判官になってみると、ふつうに生活して子育てして、社会の中でごくふつうに過ごしていて、その中で裁判官の仕事をしていると感じています。そのため、そんなに遠い世界の話ではないという感覚をもってもらえればいいと思います」

一般《いっぱん》の人がもつふつうの感覚を大切にし続けていってほしいと語った。

さらに、裁判官の適性について、信夫さんは言葉を続けた。

「人と話をして、その人が何を言いたいかを理解する力は必要だと思います。最近は弁護士を頼《たの》まないで、自分自身で訴《うった》える〝本人訴《そ》訟《しょう》〟も多くあります。そのような場合は特に相手の考えを聞いて引き出してあげて、それは法律的に考えると、どういう主張なのかを理解することが大事です。また、世の中でどういったことが起きているかなど、いろいろなことに興味・関心があったほうがいいと思います」

趣味《しゅみ》はランニングとのこと。「京都家裁にいたころはよく走っていて、京都マラソンに

「当事者の考えを十分に引き出したいです」と信夫さん

出たこともあります。でもこのごろは子育てが忙《いそが》しく、走る機会がないのが少し残念ですね」と話した。

最後に「裁判官ならではの職業病はありますか」と聞くと、「子どもが私に『誰々《だれだれ》ちゃんはこう言っているよ』と話してきた時、『でも、ほかの人の意見も聞いてみないとわからないよ』と答えてしまうことがあります。これって、もしかしたら職業病でしょうか」と、笑いながら答えてくれた。

公私ともに順調という印象を受けた。

ドキュメント 2 刑事事件の裁判官

裁判員との話し合いが有意義

千葉《ちば》地方《ちほう》裁判所《さいばんしょ》刑事部《けいじぶ》
小池《こいけ》健治《けんじ》さん

小池さんの歩んだ道のり

1970年群馬《ぐんま》県前橋《まえばし》市生まれ。中央《ちゅうおう》大学法学部卒業後、司法試験に合格。2年間の司法修習を経て1995年4月、裁判官に任官。修習47期。東京地裁民事部を振《ふ》り出《だ》しに、青森《あおもり》地裁刑事部、法務省刑事局付などを経験。2009年から司法研修所教官、仙台《せんだい》地裁刑事部を経て2018年から現職。法務省刑事局では、コンピューター・ウイルス処罰罪《しょばつざい》の制定にたずさわった。

研修時代に出会った裁判官にひかれて

千葉地方裁判所は、京成千葉線千葉中央駅《けいせいちばちゅうおうえき》から歩いて5分の場所にある。千葉地裁刑事5部の裁判官室で、小池健治さんに面会した。穏《おだ》やかな風貌《ふうぼう》から、裁判官として約25年間務めてきたキャリアの重みが感じられた。

小池さん自身は学生時代、弁護士を志望していた。ところが、司法試験に合格し、福岡《ふくおか》で司法修習を受けたさい、たまたま刑事部の裁判長と話をしたのがきっかけで裁判官志望に変わったという。小池さんは、ベテラン裁判長との出会いをこうふり返る。

「小さな事件ですが、中年の被告人《ひこくにん》が母親に暴行を加えた事件が印象に残っています。被《ひ》告人《こくにん》を許すので寛大《かんだい》な処罰《しょばつ》をしてほしいと書いた母親の手紙を取り調べた後、弁護士や検察官が質問し、被告人《ひこくにん》は、涙《なみだ》を流して反省の弁を述べていました。いよいよ裁判長の質問です。裁判長は『今は反省していると言うけれど、なぜ椅子《いす》を母親の頭の上まで持ち上げて振《ふ》り下ろすような危険なことをあなたはできたのか。ふつうの人はそんなことはできないのではないか』と厳しい質問をし、被告人《ひこくにん》は言葉に詰《つ》まっていました。弁護人は執行猶《ゆう》予《よ》を求めましたが、結局、刑は短いですが実刑判決が言い渡《わた》され、被告人《ひこくにん》は刑務所に行くことになりました。裁判長は、最後に、被告《ひこく》人《にん》に対し『社会に戻ったら、危険なことをやる前に思いとどまれるようになってほしい』と説諭し、被告人《ひこくにん》は頭を下げて『ありがとうございました』と言いました。裁判長の思いが伝わったのかなと感じた瞬間です。言い渡《わた》し後に裁判官室に戻ると、裁判長は、『ただ同調するだけでは解決にならない、真剣に向き合って、ときに厳しい言葉を投げかけることも必要だ』と説明してくれました。裁判官が一人ひとりの被告人《ひこくにん》や被害者のことを考えながら取り組んでいることがよくわかりました」

その裁判長は小池さんの父親より上の世代で、いろいろ話しかけてくれたという。

「その方の話を聞いて『みなさん、真剣《しんけん》に裁判に取り組んでいるんだな』と感じました。堅苦《かたくる》しくなく、気さくな人だったので、『こういう裁判官もいるんだな』とイメージが変わり、裁判官を選択《せんたく》しました」

先輩《せんぱい》裁判長の人柄《ひとがら》にひかれて裁判官を選んだ小池さんも、その裁判長の気さくで誠実な話ぶりを学んでいるように見受けられた。

裁判員裁判の多い地裁の事件

小池さんに、刑事部の裁判官の平均的な一日のスケジュールを聞いた。

現在は東京都内に住んでいるので、朝のラッシュの時間帯を避《さ》けて午前8時半に出勤している。9時半ごろ、刑事5部の裁判官6人全員がそろうので、裁判の進め方などについて打ち合わせをする。法廷《ほうてい》は午後5時までで、その後は裁判記録を読んだり、調べものをしたり、裁判所内部の勉強会に出たりしている。夜は、だいたい7時から8時まで裁判所で働いている。千葉地裁では、裁判員裁判の対象となる事件が多いので、その準備などでほかの裁判官と遅《おそ》くまで話をすることも少なくない。

裁判員制度は、刑事裁判の審理《しんり》に国民が参

執務室の自席で資料を読み込む

加し、裁判に国民の視点・感覚を反映させる目的で２００９年５月、全国一斉《いっせい》に導入された。裁判員は、地裁管内の選挙管理委員会がくじで選んで作成した名簿《めいぼ》のなかから事件ごとに６人選定される。そこに裁判官３人が加わり、計９人で被告人《ひこくにん》が有罪か無罪か、量刑も判断する。この裁判の対象になるのは、殺《さつ》人罪《じんざい》、強盗致死傷罪《ごうとうちししょうざい》などの重大犯罪である。

千葉地裁での裁判員裁判の件数は、全国でも東京地裁に次いで多い。小池さんによると、刑事５部の一人が担当する裁判員裁判は年間10件から15件くらいで、月ごとだと１件から１・５件くらいあるという。部内の勉強会では、どうしたら裁判員裁判の審理《しんり》をわかりやすく進められるかがテーマになることが多い。千葉地裁の管内に成田《なりた》空港があり、薬物を海外から持《も》ち込《こ》んだりする事件も多く起こるという。そうした事情も加わって件数が多くなっているようだ。

裁判の難しさ

小池さんがこれまでに担当した裁判でいちばん印象に残ったケースを聞くと、1999年7月23日に東京（羽田《はねだ》）発札幌《さっぽろ》（新千歳《しんちとせ》）行きの全日空機《ぜんにっくうき》がハイジャックされた事件をあげた。その理由をこうふり返る。

「私はこの事件に右陪席《みぎばいせき》（裁判長の右手側）の裁判官として関与《かんよ》しました。事件発生から5年経っていましたが、犯人の精神鑑定《かんてい》結果が2つに割れるなど難解な事件で、とても勉強になりました」

大きな事件の裁判になると、ベテランの裁判長と判事またはキャリア5年以上の判事補（右陪席《みぎばいせき》）、そして5年未満の判事補（左陪席《ひだりばいせき》

「どの裁判のどの判決にもたくさんの学びがありました」と小池さん

多くの判例や資料にあたる

席《せき》）の3人で担当するのが通例である。

この事件は、ハイジャック事件で人質が死亡した、日本ではじめてのケースだった。羽田空港を離陸《りりく》直後、搭乗《とうじょう》していた男（当時28歳《さい》）が突然《とつぜん》大声をあげながら立ち上がり、客室乗務員に包丁を突《つ》きつけ、コックピットへ行くよう指示。中に入ると、機長に横須賀《よこすか》への飛行を命じ、さらに高度3000フィート（約914メートル）に降下するよう要求した。これを拒否《きょひ》されると、男は副操縦士をコックピットの外へ追い出して扉《とびら》を閉め、機長に対し、自分に操縦を行わせるよう要求。それも拒否《きょひ》されると包丁で機長を刺殺《しさつ》した。そのうえ、みずから操縦を始めたため、副操縦士らがコックピット内に突入《とつにゅう》し、男を取《と》り押《お》さえ、羽田空港に戻《もど》って緊急《きんきゅう》着陸した。

この事件では、都内の実家で引きこもり状

態だった男の供述が支離滅裂《しりめつれつ》だったことから、刑事責任能力があるかどうかが最大の争点になった。男は小さい時から発達障害の一種である「アスペルガー症候群《しょうこうぐん》」などの病気を患《わずら》っていた。一流大学を卒業して会社に入ったが、ひどいいじめに遭《あ》い、精神的問題を起こして事件に至った経緯《けいい》がある。

精神鑑定《かんてい》は裁判所の判断で2度にわたって行われ、1度目は①アスペルガー症候群《しょうこうぐん》による影響《えいきょう》、2度目は②躁《そう》病と薬剤《やくざい》による影響《えいきょう》が指摘《してき》された。1999年3月の東京地裁判決では、②の影響により、事の是非善悪を認識する能力などが著しく減退している状態（心神耗弱《こうじゃく》）にあるものの、その能力が失われた状態（心神喪失《そうしつ》）ではない、として刑事責任能力を認め、無期懲役《ちょうえき》を言《い》い渡《わた》した。被告《ひこく》人《にん》側は控訴《こうそ》せず、第一審《いっしん》で判決が確定した。

法服で

「刺殺《しさつ》された機長は、まわりの人からも慕《した》われ、パイロットの仕事に誇《ほこ》りをもっていました。その機内で殺されるのは、さぞ無念であったと思います。機長の妻が証人として夫を亡くした心情を語りました。事件後、さまざまなことがあってつらい思いをしたことを語っていましたが、その声は胸に突き刺《さ》さるようなもので、今でも印象に残っています」

さらに小池さんはこう続けた。

裁判員裁判が行われる法廷。裁判員6人と裁判官3人の席が並ぶ

「難しい裁判でした。私は2度目の精神鑑定《かんてい》のころから右陪席《みぎばいせき》の判事として担当しました。ハイジャック防止法では、被告人《ひこくにん》は死刑《しけい》か、無期懲役《ちょうえき》かのどちらかの刑しかないので、責任能力が認められれば事案の重大性から死《し》刑《けい》になってもおかしくはなく、一方で、責任能力がなかったと判断されれば無罪となるという、難しい判断を求められる事件でした。最終的には、責任能力は限定されていたものの、完全には失われていないとの判断で無期懲役《ちょうえき》になりました。事件の大きさとともに、量刑の点でも印象深く、強く記憶《きおく》に残っています」

一般《いっぱん》の人たちとの話し合いを大切に

裁判官としてもっともやりがいを感じたのは何かと聞いたところ、小池さんは裁判員裁

法廷での小池さん

判での経験をあげた。

「裁判員裁判で裁判員の方といっしょに話し合いをさせていただくことは、たいへん有意義であり、そのための裁判の進行や説明を工夫するところは、裁判官としても非常にやりがいがあると思います」と前置きし、つぎのように話した。

「私は法律家として20年以上仕事をしてきましたが、裁判員裁判を通じて法律家の考えが一般《いっぱん》の方に伝わらないことがあることを身近に経験できました。そして裁判員が加わり、判断の内容が深まりました。裁判員の方たちとの話し合いでは毎回、刺激的《しげきてき》な体験をさせてもらっています。話し合いの後、感想を言い合う場で、裁判員の方から『いろいろな問題を意識できた』とか、『新聞などで伝えられる内容は事実の一部でしかないんですね』などと言われたことが印象に残っています。今後、裁判員の方たちとさらに対等な形で話し合いができるような進め方を工夫したいと考えています」

続いて、仕事の満足度についても聞いてみた。

「裁判官は、仕事の満足度はかなり高いと思います。裁判官を続けていくなかで、さまざまな先輩《せんぱい》判事に指導され、鍛《きた》えられて事件に取り組む姿勢がみがかれていきます。また、裁判官はずっと裁判を続けることができる職業です。こういう職業はかなりめずらしいと思います。それだけに、裁判官は社会とかけ離《はな》れていかないよう、心がけていくことが求められます。今後は、さらに裁判員の方たちといっしょに仕事をする機会を活かしていきたいです」

社会の問題を法律で照らす

裁判官という職業にとって大事なことは何か、そして、どういった心構えが求められるのかを聞くと、小池さんは自身の経験を踏《ふ》まえ、つぎのように語ってくれた。

「裁判官は突《つ》き詰《つ》めてモノを考える仕事であ

千葉地方裁判所

るため、原告、被告《ひこく》の当事者に偏《かたよ》ることなく、きちんとした考えを出すことに心血を注いでいく姿勢が求められます。そのため、裁判官は正しい判断をするために答えを探求する気持ちがあるかどうかが大事です。法律家とは、さまざまな社会の問題や紛争に対し、法律という正義の光に照らして解決する存在です。常に社会に目を向けて、何が起きているかに関心をもつ気持ちが大切だと思います」

中高生の読者に今、知っておいてほしいことも伝えくれた。

「人間の営みの重要なことを最後に決めるものは法律だと私は考えています。もし、法律を扱《あつか》う仕事に興味があるのなら、勉強ができるというだけでなく、自分が知らない社会のさまざまなことにも関心を向けるといいと思います。刑事事件はちょっとした行き《い》違《ちが》いや、ひょんなことから起きたりするので、そうした行き《い》違《ちが》いの理由や背景について想像し、理解できるような人であってほしいですね」

小池さんは、世の中で起きていることに常に関心をもち続けることの重要性を意識しており、中高生にもぜひ心がけてほしいと話していた。

現在、小池さんは、裁判官の妻と子ども2人の4人家族。妻は静岡《しずおか》県に単身赴任《ふにんちゅう》中だ。長男は大学生、長女は中学生だそう。

「今のところ2人とも法曹界《ほうそうかい》には興味がないと言っています」と、ちょっぴり寂《さび》しそうに話した。

ドキュメント ３ 家庭裁判所の裁判官

裁判官は指揮者のようなもの

さいたま家庭裁判所家事部《かていさいばんしょかじぶ》
本《ほん》田《だ》 晃《あきら》さん

本田さんの歩んだ道のり

１９６７年北海道富良野《ほっかいどうふらの》市生まれ。一橋《ひとつばし》大学法学部在学中、司法試験に合格。修習44期。１９９２年、裁判官に任官。札幌地裁を振《ふ》り出《だ》しに、大阪《おおさか》法務局訟務《しょうむ》検事、東京、札幌地裁、釧路《くしろ》地家裁北見支部長、裁判所職員総合研修所家裁調査官研修部長などを経験。２０１０年から東京地裁民事部、札幌地裁裁判長、東京高裁民事部などを経て２０１７年４月から現職。主に民事、家裁を担当している。

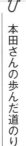

審判《しんぱん》事件と調停事件を扱《あつか》う家庭裁判所

さいたま家庭裁判所はJR浦和《うらわ》駅から歩いて約15分、さいたま市浦和区高砂《たかさご》のさいたま地裁と同じ敷地《しきち》にある。家裁は、離婚《りこん》や相続など、夫婦や親子関係などでの争いに関する家事事件や、盗《ぬす》みなどの非行を起こしたと疑われる少年の非行事件を取《と》り扱《あつか》っている。本田さんは、家事部の部総括《ぶそうかつ》（裁判長）で、同部には本田さんを含《ふく》め計9人の裁判官が配属されている。

家事部で担当する事件には、家事審判《しんぱん》事件と家事調停事件の2種類がある。審判《しんぱん》事件は、さらに相続放棄《ほうき》、名前の変更《へんこう》の許可、養子縁《えん》組《ぐみ》の許可などの家事事件手続法に定める別表第一事件と、親権者の指定・変更《へんこう》、遺産分割、養育費の請求《せいきゅう》などの第二事件とに分かれている。

一方、調停の対象になるのは家庭に関する事件で、第二事件のほか、夫婦間の離婚《りこん》が代表的である。こうした事件は、原則として訴《そ》訟《しょう》を起こす前に調停を経ることになっている。これは「調停前置主義」と呼ばれている。

さいたま家裁では、2018年の1年間に調停事件が約7500件あった。東京、横浜、大阪、名古屋《なごや》の各家裁に次いで5番目に多い。調停事件では夫婦間の離婚《りこん》、婚姻《こんいん》費用、養育費にからむトラブルが目立っている。そのほか、認知症《にんちしょう》と判断された人などを保護する「成年後見制度」にからむ事件も増えているという。

本田さんは北海道・札幌南《さっぽろみなみ》高校出身。当時、同級生には医師をめざす学生が多かったが、本田さんは文科系で最難関の司法試験をめざ

朝早めの時間に出勤し、デスクでの作業を進める本田さん

した。

一橋大学に合格し、司法試験にも受かったものの、法曹《ほうそう》三者のうちのどれを選ぶかまでは考えていなかった。司法研修所で教官から「君は弁護士になっても稼《かせ》げる弁護士にはなれそうもない。そこそこの弁護士になるか、裁判官になるか、選択《せんたく》しなさい」と言われ、裁判官を選んだという。

本田さんは「私が司法修習を受けた44期は、裁判官志望が60人くらいで、前年の90人より大幅《おおはば》に減っていました。そのため、それほど成績が良くなくても裁判官になれたのだと思います」と、照れくさそうに話していた。

家事部の裁判官の一日

続いて、家事部の一日のスケジュールを話してもらった。裁判官はだいたい午前9時半までに家裁に出勤するが、本田さんはラッシュ時を避《さ》けて8時40分ごろに出勤することにしている。

午前10時から調停がスタートする。裁判官は多い時は1人で10件くらいをかかえているため、最初に調停委員に進行役を務めてもらい、問題がある時は連絡《れんらく》を受けて裁判官が調停室に入り、調停を進めるのだという。

午後は1時15分から調停を始めるが、最初は調停委員が当事者と話をしながら進める。うまく進行しない場合は家裁調査官にも相談して、どうしたら合意に結びつくかを検討する。

調停事件は、裁判官または家事調停官（弁護士で5年以上の経験があり、最高裁に任命された人）と家事調停委員2人以上によって組織された調停委員会が担当する。まず、当

家事審判廷の入り口。使用している部屋の入り口が点灯する

家事審判廷の様子

事者や関係者から、それぞれの言い分を聞いて話し合いを行う。それを受けて中立の立場から妥当《だとう》な解決が得られるように斡旋《あっせん》を行うが、話し合いがまとまらない場合は調停不成立となり、審判《しんぱん》手続きに移る。

離婚《りこん》の調停では、夫婦の言い分が対立するケースも少なくない。そういう場合、調停委員が問題点をうまく解きほぐし、感情的な面に整理がつけば、解決に向かう可能性が出てくるという。

本田さんは、「離婚《りこん》係争中の夫婦は『絶対に会いたくない。顔も見たくない』と言って直接会わないケースが多いのです。親密だった2人の関係が破綻《はたん》すると、その分、憎悪が芽生えるのだと思います。調停委員が当事者2人から感情的な話を引き出して受け止めてくれるところが、日本の調停の良さでしょう」と語っていた。

事件で浮《う》かび上《あ》がる親子の関係

続いて、これまでに担当した裁判でいちばん印象に残っている事件を聞いた。本田さんは２００５年、北海道の釧路地裁北見《きたみ》支部で担当した、父親が5歳《さい》の息子を蹴《け》って大けがを負わせ、傷害罪に問われた事件について語り出した。

父親はトラックの運転手をしていた。息子《むすこ》のしつけのつもりで床《ゆか》の上に座らせ、足で蹴った。息子は頭を床《ゆか》に強打し、半身不随《ふずい》状態になってしまった。本田さんは父親に懲役《ちょうえき》5年の実刑判決を下した。そのさい、母親は呆《ぼう》然《ぜん》としていたという。

本田さんは「父親は、たまたま疲《つか》れてイライラしていたのかもしれません。限度を超《こ》えて、しつけをやりすぎてしまった感じで、息子さんがかわいそうでした。当時、私の子どももそのくらいの年齢《ねんれい》だったので、身につまされた事件でした」とふり返った。

さらに、記憶《きおく》に残る親子関係での事件として、大学生の息子《むすこ》が離婚《りこん》した父親に扶養《ふよう》手当の申《もう》し出《で》を行ったケースをあげた。２０１８年暮《く》れ、双方《そうほう》の合意により解決したケースだった。

その息子《むすこ》の両親は、彼が4歳《さい》の時に離婚《りこん》し、親権は母親が引き取った。そのさい、父親が母親に養育費を月3万円支払《しはら》うことで合意した。支払《しはら》いは20歳《さい》になった時点で終わっていたが、私立大学に入学したため学費がかなりかかり、アルバイトをしないと生活できないため、父親に対し扶養《ふよう》手当を支払《しはら》うよう求めていた。

裁判所の中にある資料室

　これに対し、父親は、息子《むすこ》が4歳《さい》の時以降、交流がなかったことをあげて、「絶対に払《はら》わない」と突《つ》っぱねた。そのため、調停では解決せず、審判《しんぱん》にもち込《こ》まれた。審判《しんぱん》でも最初は「払《はら》ってほしい」「払《はら》いたくない」の応酬《おうしゅう》だったが、家裁で話し合っているうちに父親は、「そうは言っても実の子なので」と、自分の主張をやわらげて、息子《むすこ》の言い分を聞き入れ始めた。父親は「大学でアルバイトばかりやっていては勉強する時間がないだろう」と理解を示し、私立大学の学費を支払《しはら》うことで合意した。

　本田さんは「最近、離婚《りこん》後に、別れた子どもとの面会交流を認める事案が増えています。面会交流が円滑《えんかつ》に行われることで、子どもは離婚《りこん》という大きな出来事を乗《の》り越《こ》えて成長のための力を得ていきます。今回のようなケースにかかわると、面会交流を続けることの重要性を実感します」と語っていた。

離婚率《りこんりつ》の上昇《じょうしょう》や子育て環境《かんきょう》の変化により、離婚《りこん》しても子どもとかかわりたいと望む親が増えている。2000年度に2406件だった家裁への調停申《もう》し立《た》てが、2015年度には5倍を超《こ》す1万2263件に急増した。

2011年の民法改正では、協議離婚《りこん》のさいに父母は面会交流について取り決めるよう定められた。だが、父母の対立が激《はげ》しく、直接連絡《れんらく》を取り合うのが難しい場合もあることから、こうした父母を支援《しえん》する民間団体もできている。

当事者の将来を見据《みす》え、双方《そうほう》から話を聞く

本田さんが裁判官としてやりがいを感じるのはどういう場合だろうか。

1週間のスケジュールを確認

「家庭内の紛争は、訴訟ではなく調停や審判などで解決を図ります」と本田さん

「裁判所は当事者双方《そうほう》から話を聞く立場にありますから、片一方の当事者よりも、事件全体に関する情報を多く得ることになります。さらに、言い分の違《ちが》う人たちに、この部分を質問すると、どう答えるだろうかという点を考えながら聞き出していくところに、やりがいと工夫があります。自分の依頼者《いらいしゃ》に頼《たの》まれて、こう言わざるを得ない、ということはないから、本当はどうなのかという点を真摯《しんし》に考えながら聞くことができます」

まさに、家裁の利点だろう。

さらに続けて、裁判官に求められる特性についで聞くと、つぎのような答えが返ってきた。

「多分、偏《かたよ》りをもたないことだと思います。最初から先入観をもって話しかけると、誰《だれ》もその人に自分の心のうちを話したがらない。

まずは相手の立場を理解して、本当はどうだったのかを素直に聞くことが必要だと思います。刑事や民事と違《ちが》って、家裁の場合は家庭内の紛争《ふんそう》ということもあり、関係は将来的にも続きます。当事者同士が納得して合意しないと、スムーズな解決はできない。家裁としては将来を見通して、過去はこうですが、将来を考えるとこうしたほうがいいですよ、とアドバイスすることが大切です」

最後に、家裁にかかわる人たちと裁判官の役割を踏《ふ》まえ、めざす人へメッセージを送ってくれた。

「家裁では、裁判官は当事者や裁判関係者の良さを引き出していくチームリーダーの役割を担っています。たとえば、書記官は裁判手続きが円滑《えんかつ》に進むよう事件を動かしていく要《かなめ》となり、調査官は子どもにどういう働きかけ

さいたま地方裁判所、さいたま家庭裁判所

をしたらいいかをアドバイスしてくれます。調停委員は当事者の話を十分に聞き、感情を受け止められるように動く役割を担っています。裁判官はそうした関係者の意見をよく聞いて、トータルでどのようにまとめていけばいちばんいいのかを考えていくのです。いわば、すべての職種をうまく率いる指揮者のようなものでしょうか。そうしたことを考えるのが苦ではなく、全体を見渡《みわた》せる視野をもてると、裁判官の仕事にやりがいをもてると思いますよ」

そう言い切る本田さんの口調から、30年になろうとする裁判官人生の重みが感じられた。

2章

裁判官の世界

裁判とは何だろう?

正しいことか、よこしまなことかを判断する場

古代から現代までの裁判

法廷《ほうてい》を舞台《ぶたい》にしたテレビドラマや映画が多くなった。法廷《ほうてい》ドラマのもっとも初期のものは、時代劇の裁判ではないだろうか。江戸時代、奉行所《ぶぎょうしょ》に設けられた「お白州《しらす》」で裁判が行われ、町奉行《まちぶぎょう》が罪人たちと相対する。町奉行《まちぶぎょう》は事実上、検察官と弁護人を兼ねていたので、極悪人を厳しく追及《ついきゅう》し、自供に追いこむ。一方、極悪人に脅《おど》され、犯罪の片棒をかつがされた市民に対しては、情状酌量《じょうじょうしゃくりょう》で無罪放免《ほうめん》ということも少なくない。

こうしたドラマによく登場するのは、名町奉行《めいまちぶぎょう》の評判が高い大岡越前守忠相《おおおかえちぜんのかみただすけ》や「遠山《とおやま》の金《きん》さん」こと、遠山左衛門尉景元《とおやまさえもんのじょうかげもと》である。町奉行《まちぶぎょう》は将軍直属で、江戸の行政から裁判権まで握《にぎ》り、民政全般《ぜんぱん》を司る役人だった。裁判の管轄《かんかつ》は当初、町屋敷《まちやしき》のみで、武家屋敷《ぶけやしき》な

どには手が出せなかったが、しだいに町奉行《まちぶぎょう》の管轄《かんかつ》が広がったという。

そもそも裁判とは何か。広辞苑《こうじえん》には「正邪《せいじゃ》・曲直を判定すること」とある。つまり、正しいことか、よこしまなことか、あるいは曲がったことか、真っすぐなことかを判定するという意味である。古代ヨーロッパでは、民衆によって裁判が行われていたこともある。事実の有無を決める手段として、当事者を水中に投げ入れ、その浮沈《ふちん》により事実の有無を決める「水審《すいしん》」、決闘《けっとう》の勝敗によって決する「闘審《とうしん》」などがあった。

現在、国家統治権の一つとして司法権=裁判権があり、これを行使するのは裁判所である。わが国では、最高裁判所（最高裁）・高等裁判所（高裁）・地方裁判所（地裁）・家庭裁判所（家裁）・簡易裁判所（簡裁）の5種類があり、事件の内容によって分担している。裁判所法では、最高裁以外の高等・地方・家庭・簡易の各裁判所を下級裁判所と定めている。

裁判所と裁判官

全国の裁判所とそこで働く裁判官

日本における裁判官の誕生《たんじょう》

「すべて裁判官は、良心に従い独立してその職権を行い、この憲法及《およ》び法律にのみ拘束《こうそく》される」。日本国憲法の第七六条では、裁判官の権限をこう定めている。裁判官とは、裁判所の管轄《かんかつ》に属する各種の事件について、裁判に必要な手続き及《およ》びこれに付随《ふずい》する手続きを行う職なのだ。

わが国で裁判官がはじめて登場したのは、明治維新《いしん》後の1871（明治4）年、東京《とうきょう》裁判所が設置された時である。翌年、司法省（現・法務省）裁判所を頂点とする全国規模の裁判所が設置された。それから3年後の1875年、大審院《だいしんいん》（現・最高裁判所）が置かれ、大審院《だいしんいん》に判事、その下の下級裁判所に判事、判事補が配置された。

裁判所法の制定

明治憲法に基づく裁判所制度は1890年に公布された裁判所構成法によって定められた。そこでは裁判官の官名は判事のみで、終身官として厚い身分保障を受けた。当時は高等試験司法科試験に合格後、司法官補（司補）として裁判所と検事局で1年半の実務研修を受け、修了時《しゅうりょうじ》の試験に合格すると任官することができた。

第二次世界大戦後の1946（昭和21）年に施行《しこう》された日本国憲法では、司法権は最高裁判所と、それ以外の下級裁判所に属すると定められている。それを受けて制定された裁判所法では、最高裁判所と下級裁判所を設置し、上級審《じょうきゅうしん》の裁判所の判断がその事件について下級審《かきゅうしん》の裁判所を拘束《こうそく》すると定めている。

裁判官の任命は、最高裁と下級裁とでは異なっている。最高裁は15人の裁判官で構成される。最高裁裁判官のうち、長官は内閣の指名に基づき天皇が任命するが、残る14人の裁判官は内閣が任命する。内閣に最高裁裁判官の選任権を与《あた》えているのは、違憲審査権《いけんしんさけん》をもつ最高裁と、内閣とのあいだの抑制《よくせい》と均衡《きんこう》（チェックとバランス）を図ろうとしたからである。

全国で活躍《かつやく》する裁判官

裁判官には、最高裁長官、最高裁判事、高裁長官、判事、判事補、簡易裁判所判事がある。

最高裁の裁判官は、識見の高い、法律の素養がある年齢《ねんれい》40歳《さい》以上の者のなかから任命される。ただし、15人中10人以上は高裁長官、または判事の職を10年以上務めた人か、検察官、弁護士または法律学の教授・准《じゅん》教授の職に20年以上いた人でなければならないと決められている。法律では、40歳《さい》が最高裁裁判官の最低年《ねん》齢《れい》とされているが、実際には60歳《さい》以上の人が任命されており、65歳《さい》かその直前に任命される人が多い。

また、最高裁裁判官の内訳は、裁判官経験者6人、弁護士経験者4人、検察官経験者2人、学識経験者(外交官、内閣法制局長官などの官僚《かんりょう》、法律学教授)3人の比率でほぼ固定している。

図表1 裁判官の内訳

官職名等	定員(人)
最高裁判所長官・最高裁判所判事・高等裁判所長官	23
判事	2,155
判事補	842
簡易裁判所判事	806
合計	3,826

『裁判所データブック2023』より

一方、下級裁判所の裁判官は高裁長官、判事、判事補、簡易裁判所判事からなる。このうち、高等裁判所長官と判事は判事補、簡易裁判所判事、検察官、弁護士、裁判所調査官などの経歴が通算10年以上の人のなかから内閣によって任命される。判事補は司法試験に合格し、司法修習を終えた人のなかから任命される。

簡易裁判所判事の任命資格は、高等裁判所長官、判事の職にあった人のほか、判事補、検察官、弁護士などの法律専門職に通算3年以上あった人とされる。手続きとしては、簡易裁判所判事選考委員会の選考を経て任命される。実際には、簡易裁判所判事の相当数が裁判所書記官出身者である。

一方、地方裁判所、家庭裁判所の裁判官の大多数は、司法修習生から判事補になり、そのまま判事を務める人である。裁判所に勤める裁判官の内訳については図表1を見てほしい。

裁判所の種類

裁判所には、最高裁判所、高等裁判所、地方裁判所、家庭裁判所、簡易裁判所の5種類があるが、任務はどう違《ちが》うのだろうか（図表2）。

まず、身近な地裁から見ていこう。地裁は都道府県庁のある47カ所のほか、北海道《ほっかいどう》3カ所の全国50カ所にあり、民事訴訟《そしょう》、刑事訴《そ》訟《しょう》の第一審《だいいっしん》を簡易裁判所と分担して取《と》り扱《あつか》う。民事事件では、訴訟《そしょう》目的の価額（訴《そ》額《がく》）が１４０万円を超《こ》える請求《せいきゅう》と、性質上訴額《そがく》の算定ができない請求《せいきゅう》の第一審《だいいっしん》裁判権をもつ。このほか、地裁の支部が全国２０３カ所にある。

家裁も地裁同様、全国50カ所にある。ここでは相続などに関する家事事件、離婚《りこん》などの人事訴訟《そしょう》事件、それに非行少年の問題に関する少年事件を取《と》り扱《あつか》う。このほか、全国２０３カ所に支部が、77カ所に出張所が設けられている。

簡裁は全国４３８カ所にあり、比較的《ひかくてき》軽い罪の刑事事件や比較的《ひかくてき》少額の民事事件の第一審《だいいっしん》を扱《あつか》うほか、民事の調停なども取《と》り

東京の霞が関にある家庭裁判所

図表2 裁判所の種類

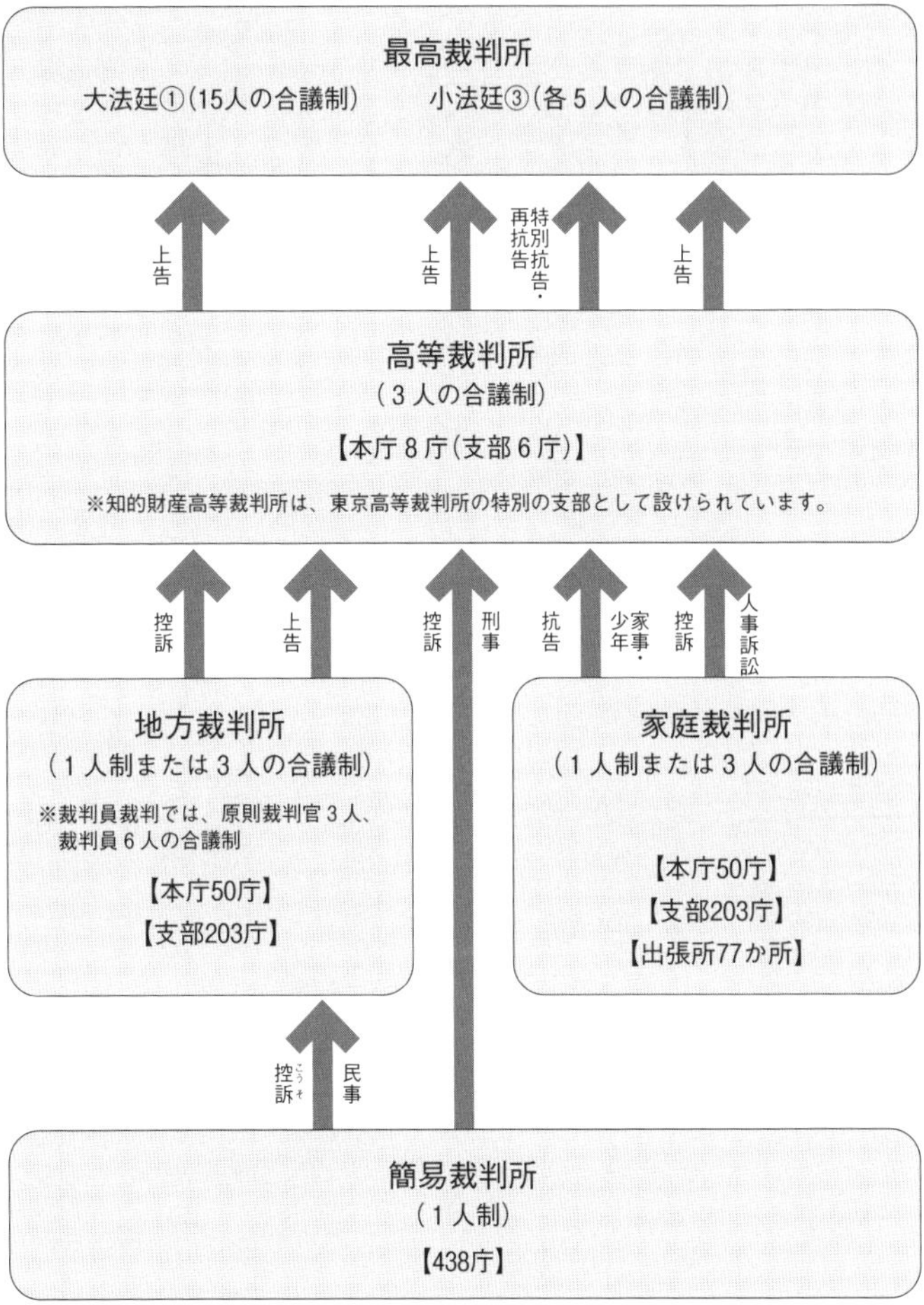
最高裁判所
大法廷①（15人の合議制）
小法廷③（各５人の合議制）
上告
上告
特別抗告・再抗告
上告
高等裁判所
（３人の合議制）
【本庁８庁（支部６庁）】
※知的財産高等裁判所は、東京高等裁判所の特別の支部として設けられています。
控訴
上告
控訴
刑事
抗告
家事・少年
控訴
人事訴訟
地方裁判所
（１人制または３人の合議制）
※裁判員裁判では、原則裁判官３人、裁判員６人の合議制
【本庁50庁】
【支部203庁】
家庭裁判所
（１人制または３人の合議制）
【本庁50庁】
【支部203庁】
【出張所77か所】
控訴《こうそ》
民事
簡易裁判所
（１人制）
【438庁】

扱《あつか》う。

1998年に施行《しこう》された民事訴訟法《そしょうほう》では、訴額《そがく》60万円以下の少額訴訟《そしょう》については原則として1回の口頭弁論で解決する制度が導入された。

高裁は、東京、大阪《おおさか》、名古屋《なごや》、広島《ひろしま》、福岡《ふくおか》、仙台《せんだい》、札幌《さっぽろ》、高松《たかまつ》の全国8都市にあり、各管轄《かんかつ》内の地裁、家裁からの不服申《もう》し立《た》て（控訴《こうそ》、抗告《こうこく》）などを取《と》り扱《あつか》う。また、簡裁の管《かん》轄《かつ》する刑事事件の控訴審《こうそしん》を扱《あつか》う。

なお、東京高裁には、特別支部として知的財産高等裁判所が置かれている。

「憲法の番人」最高裁判所

最後に、最高裁を見てみよう。最高裁はその名前の通り、全国546カ所の裁判所のトップに立ち、最上級・最終の裁判所で、首都・東京にある。最高裁は高裁に対する不服申《もう》し立《た》て（上告、特別抗告《こうこく》）を取《と》り扱《あつか》う。法律や政令が憲法に合致《がっち》しているか否かについて最終的に判断を下すので、「憲法の番人」とも呼ばれている。

最高裁では15人の裁判官全員で構成する大法廷《だいほうてい》と、5人の裁判官で構成する小法廷《しょうほうてい》とに分かれている。事件をどちらの法廷《ほうてい》で扱《あつか》うかは、高裁から上告あるいは特別抗告《こうこく》された事件の内容によって決められる。大法廷《だいほうてい》で扱《あつか》う事件は、①法律や命令等が合憲か否かを新た

東京の隼町にある最高裁判所

に判断する場合、②違憲《いけん》と判断する場合、③憲法や法律の解釈を変更《へんこう》する場合、に限られる。また、最高裁の判決や決定には、各裁判官の意見を明記しなければならないと定められている。

民事、刑事訴訟などにおいて単独または合議により裁判を行う

裁判は三審制《さんしんせい》

裁判所の訴訟《そしょう》手続きには、第一審《だいいっしん》、第二審《だいにしん》、第三審《だいさんしん》の3つの審級《しんきゅう》が設けられている。各裁判所間での三審制《さんしんせい》について見てみよう。

原則として第一審《だいいっしん》の裁判所の判決に不服がある当事者は、第二審《だいにしん》の裁判所に不服申《もう》し立《た》て（控訴《こうそ》）をすることができる。第二審《だいにしん》の裁判所（控訴審《こうそしん》）の判決に不服がある当事者は、第三審《だいさんしん》の裁判所（上告審《じょうこくしん》）に不服申《もう》し立《た》て（上告）をすることができる。上告審《じょうこくしん》では、原則として新たに事実を認定し直すことはなく、憲法違反《いはん》または法令違反《いはん》の有無を審理《しんり》する。

このように、異なる審級《しんきゅう》の裁判所に事件を審理《しんり》させ、第三審《だいさんしん》までの不服申《もう》し立《た》てを認める制度を三審制度《さんしんせいど》という。家事事件や少年事件での審判《しんぱん》手続きでも抗告《こうこく》、特別抗告《こうこく》などの

三審《さんしん》構造が取られている。

いったん刑事裁判の判決が確定した後に、冤罪《えんざい》であったことを示す「明らかな証拠をあらたに発見したとき」などに再度審理を求める再審制度がある。最近でも誤判は根絶されていないが、再審制度は刑事裁判でも「開かずの門」と言われ、再審で無罪となる場合でも、何十年もかかるケースが少なくない。

再審は民事裁判にもあるが、原告、被告の当事者は対等が原則なので刑事裁判とは要件が異なる。民事裁判の証拠とされた書類が偽造文書だった、証言が偽証であったことが確定した、などの時に再審が開始されることがある。

民事裁判と刑事《けいじ》裁判

裁判には、大きく分けて民事裁判と刑事《けいじ》裁判の2種類がある。

まず、民事裁判について説明しよう。民事裁判では、常に対立する当事者がいることが前提で、訴《うった》えを提起する側の当事者を原告、提起される側の当事者を被告《ひこく》と呼ぶ。双方《そうほう》の当事者の言い分に対して、中立的な立場の裁判所が最終的な判断を下すという構造になっている。その前提として、原告は必ず請求《せいきゅう》内容を提示する必要があり、裁判所は請求《せいきゅう》の対象についてのみ判断できる。

一方、被告《ひこく》は請求《せいきゅう》を否定する事実を主張することになり、双方《そうほう》による弁論となる。こうした弁論主義は民事訴訟《そしょう》の根幹を成す基本原則であり、民事訴訟《そしょう》の本質である。その後、双方《そうほう》に争いがある事実が明らかになると証拠《しょうこ》調べが行われ、どちらの主張が正しいかを審《しん》理《り》する。その過程で双方《そうほう》の当事者は、自己が主張する事実について証明責任を負うことになる。

つぎに、刑事《けいじ》裁判である。刑事《けいじ》裁判は犯罪を起こさない限り、一般《いっぱん》国民とは関係ないと考えている人も多いだろうが、社会生活を営んでいる以上、いつ、どんな時に犯罪の被害《ひがい》者《しゃ》になったり、加害者と疑われたりするかわからない。そのうえ、２００９年から裁判員制度が施行《しこう》され、一般《いっぱん》国民が職業裁判官といっしょに刑事事件の裁判に参加する機会ができた。このため、国民も刑事《けいじ》裁判に無関心ではいられなくなった。

刑事《けいじ》事件とは何か、どんな刑事《けいじ》手続きがあるのか、などについてみていこう。

刑事《けいじ》事件は、物を盗《ぬす》まれたり、暴力を受けたりして１１０番通報したところから始まることが多い。通報を受けて警察官が出動し、捜査《そうさ》が開始される。警察官が被疑《ひぎ》者《しゃ》を発見、逮捕《たいほ》して取り調べを行う。警察は逮捕《たいほ》から48時間以内に被疑《ひぎ》者《しゃ》の身柄《みがら》を検察庁に引《ひ》き渡《わた》さなければならない。ここからが検察官の出番となる。検察は被疑《ひぎ》者《しゃ》を10日間勾留《こうりゅう》して取り調べることができる、それでも取り調べが終わらない場合、さらに10日間を限度として勾《こう》

刑事合議法廷の例

裁判官（右陪席）
裁判長
裁判官（左陪席）
裁判所事務官
裁判所書記官
裁判所速記官
検察官
被告人
弁護人
証人
傍聴人

留《りゅう》を延長して取り調べ、公訴《こうそ》を提起する。これを起訴《きそ》という。起訴《きそ》されると被疑者《ひぎしゃ》は被告人《ひこくにん》と呼ばれることになる。

この後、舞台《ぶたい》は裁判所に移り、裁判官、検察官、それに被告人《ひこくにん》の弁護人の三者を中心に裁判手続きが開始される。くわしくは「刑事《けいじ》裁判の流れ」（67ページ）で紹介《しょうかい》しよう。

民事、刑事訴訟《けいじそしょう》のほか、行政訴訟《そしょう》がある。これは広義では民事裁判に含《ふく》まれるが、それと区別して扱《あつか》われている。代表的なものは、営業停止や課税など、公権力の行使を受けた者が国や地方公共団体を相手に、それを違法《いほう》として争う訴訟《そしょう》である。その手続きは行政事件訴訟法《そしょうほう》で定められている。

裁判官は一人制と合議制

裁判官は、１人あるいは複数で裁判所を構成し、裁判を行う。１人の場合は一人制、複数の場合は合議制と呼ぶ。簡裁の場合はすべて一人制で、地裁、家裁でも原則としては一人制だが、特別な場合は原則３人の裁判官による合議制をとる。

一方、高裁では原則として３人の裁判官による合議制だが、特別な場合は５人の裁判官による合議制となる。最高裁は、５人の裁判官による小法廷《しょうほうてい》と、全裁判官による大法廷《だいほうてい》で裁判が行われる。

民事単独法廷の例

判事補は、法律で定めのある場合を除いて、1人で裁判をすることができないが、民事事件と刑事事件の場合、判決以外の裁判であれば判事補が単独で行えるものもある。また、判事補は同時に2人以上、合議体に加わり、また裁判長になることはできない。

最高裁裁判官の国民審査《しんさ》

最高裁の裁判官は、任命後はじめて行われる衆議院議員総選挙のさいに国民審査《しんさ》に付され、投票者の過半数が罷免《ひめん》すべきとした場合は罷免《ひめん》される。これは、最高裁が規則制定権や下級裁判所の裁判官の指名権をもち、さらに違憲審査権《いけんしんさけん》をもつ終審《しゅうしん》裁判所であることから、最高裁の裁判官に対して国民のコントロールを及《およ》ぼそうとするものである。

国民審査《しんさ》に関する具体的な方法は、「最高裁判所裁判官国民審査法《しんさほう》」により定められている。それによると、審査《しんさ》対象の裁判官の氏名がくじで決められた順序で印刷された投票用紙に国民が罷免《ひめん》すべきとした裁判官に×印を記載《きさい》し、罷免《ひめん》すべきでないとする裁判官については何も記載《きさい》しないで投票するという投票方法をとっている。この方法では、何も記《き》載《さい》せず罷免《ひめん》の可否について不明の者の投票も罷免《ひめん》を可としないものとして扱《あつか》われるため、合憲なのかという議論があるが、最高裁はこの点について「国民審査《しんさ》の性格がリコール制であるい以上、当然だ」としている。また、国民審査《しんさ》の投票用紙を受け取らないことによって国民審査《しんさ》の投票をすべて棄権《きけん》することは認められているが、特定の裁判官についてだけ棄権《きけん》することは認められていない。

Column

裁判官のバッジ

法曹《ほうそう》三者といわれる裁判官、検察官、弁護士はみな、それぞれ独自のバッジを胸につけている。裁判官のほか、裁判所職員全員がつけるバッジは、日本の三種の神器の一つである「八咫《やた》鏡」の形に、裁判所の「裁」の字を付したもの。真実を映し出す鏡により、裁判の公正さを象徴《しょうちょう》しているとされる。

日本最古の歴史書「古事記《こじき》」によると、八咫《やた》の鏡は高天原《たかまがはら》の八百万《やおよろず》の神々が天の河原に集まり、川上の堅石《かたしわ》を金敷《かなしき》にして、金山の鉄を用いて作らせたという。「やた」とは、大きいという意味で、具体的な数値はないという。

なお、検察官のバッジは「秋霜烈日章《しゅうそうれつじつしょう》」と呼ばれ、厳正な検事の職責と刑罰《けいばつ》の厳しさを象徴《しょうちょう》している。弁護士のバッジは、中央に正義の女神が持っている天秤《てんびん》を置いていて、公正平等を表しているという。

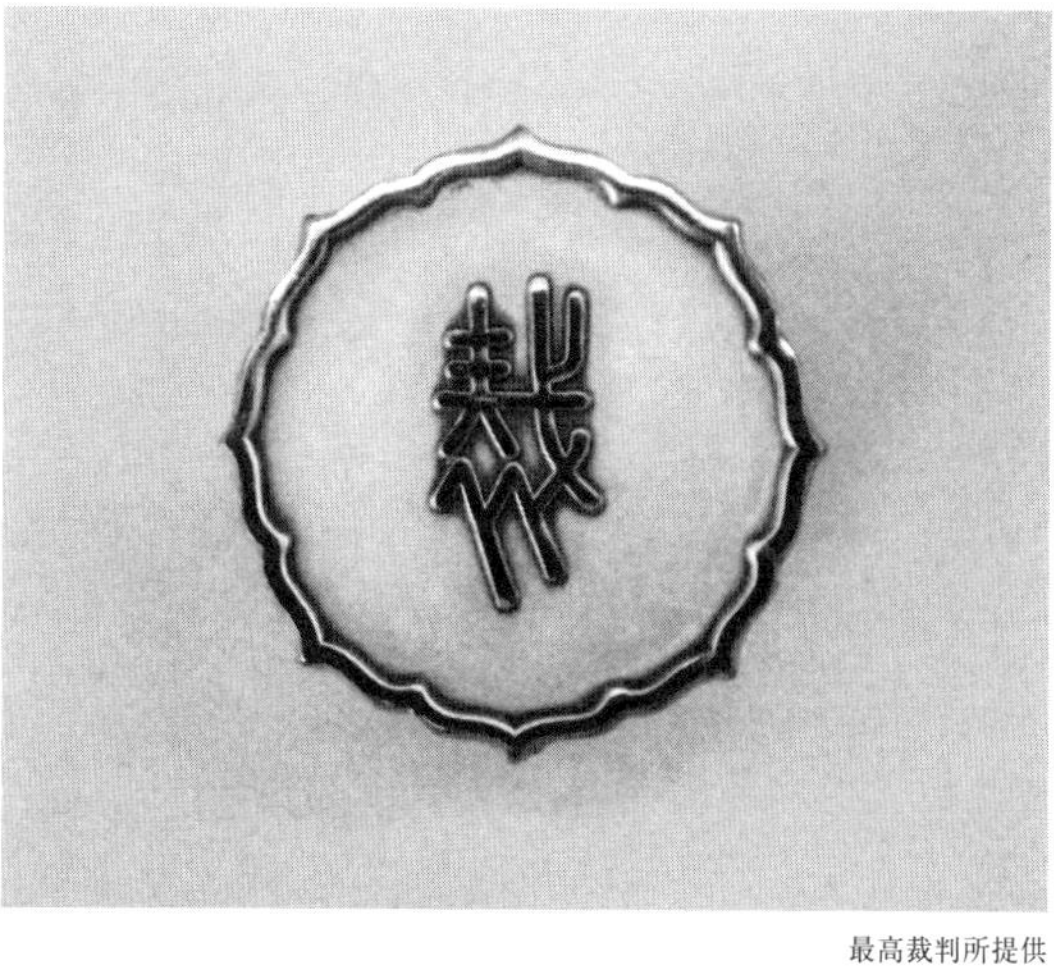

最高裁判所提供

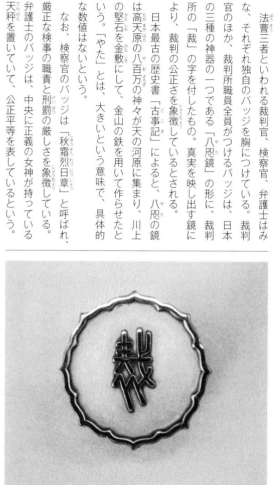

民事裁判の流れ

私たちの日常生活に起こる法律上の争いを解決

民事裁判

民事裁判と刑事《けいじ》裁判の2種類がある裁判のうち、まず民事裁判を取り上げる。

たとえば、貸したお金を返してくれないというような日常生活で起こる法律上の争いを判断して、解決するのが民事裁判だ。

民事裁判では、まず原告と被告《ひこく》の主張を聞き、争いのある事実についてのみ証拠調《しょうこしら》べを行い、どちらの主張が正しいかを審理《しんり》する。その結果、裁判所が判決を出すのが妥当《だとう》と判断すれば口頭弁論は終結し、判決言《い》い渡《わた》しが行われる。判決に不服があれば、第一審《だいいっしん》が簡裁の場合は地裁に、地裁の判決の場合は高裁に控訴《こうそ》できる。さらに、控訴審《こうそしん》判決に不服のある場合は、上告を提起できる。上告は控訴審《こうそしん》判決が地裁だと高裁に、高裁の控訴審《こうそしん》判決

民事裁判の手続きの流れ

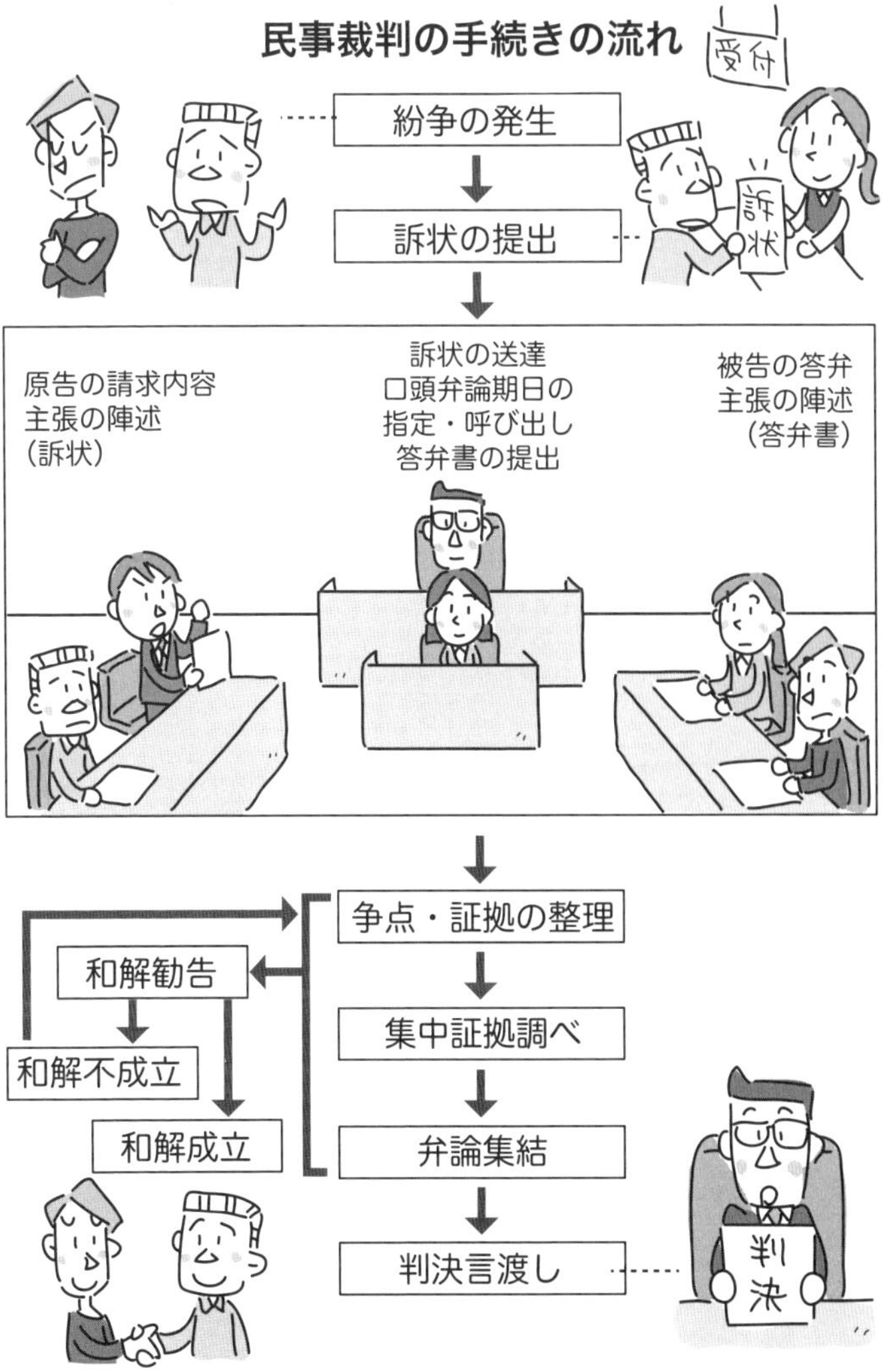

に対しては最高裁に提起される。

これに対し、当事者が判決でなく和解で解決したいと希望し、双方《そうほう》が合意すれば和解で決着させることができる。和解による解決は、判決による解決とともに望ましいものであると考えられている。

また、民事訴訟《そしょう》以外の方法で、裁判所で紛争《ふんそう》を解決する手法として調停がある。当事者の合意を得て、裁判官と市民である調停委員からなる調停委員会によって行われるもので、「民事調停」と呼ばれている。

地裁で扱《あつか》われる民事事件の件数は、２００９年をピークに減り始め、最近は横ばい状態が続いている。ピーク時に新しく受け付けた件数（新受件数）が増えたのは、カードローン・キャッシングで支払《しはら》い過ぎたお金の返還《へんかん》を求める「過払金訴訟《かばらいきんそしょう》」が急増したためで、その後、過払金返還《かばらいきんへんかん》請求権が時効となる期間（10年）が過ぎたことから減ってきた。

その一方、近年は難しい民事事件が増えており、裁判官の合議制による事件が目立っている。この種の訴訟《そしょう》には、①相続財産、②金融《きんゆう》商品、③ＩＴ（情報技術）、ソフトウエア関係などが多く、平均審理《しんり》期間の月数が増えてきている。最高裁は「裁判の迅速化《じんそくか》に関する法律」（２００３年施行）に基づき、２年以内の、できるだけ早い時期に裁判を終わらせるよう努めているが、１年前後かかっているものも少なくない。

刑事裁判の流れ

起訴された人が有罪か無罪かを判断。国民参加の裁判員裁判も開始

刑事《けいじ》裁判

刑事《けいじ》裁判は、罪を犯した疑いで起訴《きそ》された人が有罪か無罪か、また、有罪であればどのような刑罰《けいばつ》を科すかを決める裁判だ。

刑事《けいじ》裁判は、警察などの捜査《そうさ》機関が届け出を受けるなどして捜査《そうさ》を開始する。被疑者《ひぎしゃ》を逮捕《たいほ》すれば事件は検察庁に送られ、検察官が公訴《こうそ》を提起（起訴《きそ》）するかどうかを検討する。起訴《きそ》されれば、ほとんどの事件は簡易裁判所か地方裁判所に回される。そうなると、被疑《ひぎ》者《しゃ》は被告人《ひこくにん》と名称が変わる。

裁判員裁判を例に見てみよう。殺人罪や強盗致死傷罪《ごうとうちししょうざい》などの裁判員裁判対象事件は、原則として裁判官3人に国民から選ばれた裁判員6人の計9人で審理《しんり》が行われる。

まず、裁判開始前に「公判前整理手続き」を行い、裁判官、検察官、それに弁護人が出席して事件の争点と証拠《しょうこ》を整理する。公判の審理《しんり》を計画的かつ迅速《じんそく》に行うためである。公判では、裁判長による人定質問（本人かどうかの確認）、検察官の起訴状《きそじょう》朗読などの冒頭《ぼうとう》手続きから始まる。その後、証拠調《しょうこしら》べを経て、検察側の論告・求刑、続いて弁護人の弁論、被告人《ひこくにん》の最終陳述《ちんじゅつ》で結審《けっしん》する。最後に裁判長による判決言《い》い渡《わた》しで終了《しゅうりょう》する。審理《しんり》については、できる限り連日開廷《かいてい》し、継続して行われるので、裁判員はこの間、仕事を休むなどそれぞれの予定を調整して出席することになる。

裁判所は被告人《ひこくにん》が犯人ではない、あるいは犯人の確証がもてないと判断した場合は被告《ひこく》人《にん》に無罪の判決を言《い》い渡《わた》す。そうなると被告人《ひこくにん》は釈放される。

第一審《だいいっしん》の判決に不服がある場合、被告人《ひこくにん》、検察官とも高裁に控訴《こうそ》を申《もう》し立《た》てることができる。第一審《だいいっしん》が裁判員裁判の場合でも、控訴審《こうそしん》では一般《いっぱん》の裁判と同様の形式で行われる。さらに、控訴審《こうそしん》の判決に不服があれば、最高裁に上告できる。

裁判員裁判10年の成果と課題

最高裁は裁判員制度施行《しこう》から10年後の２０１９年5月、さらなる運用改善に向けて、成果と課題を総括《そうかつ》する報告書をまとめた。それによると、裁判員裁判に参加した人に毎年、

刑事裁判の手続きの流れ

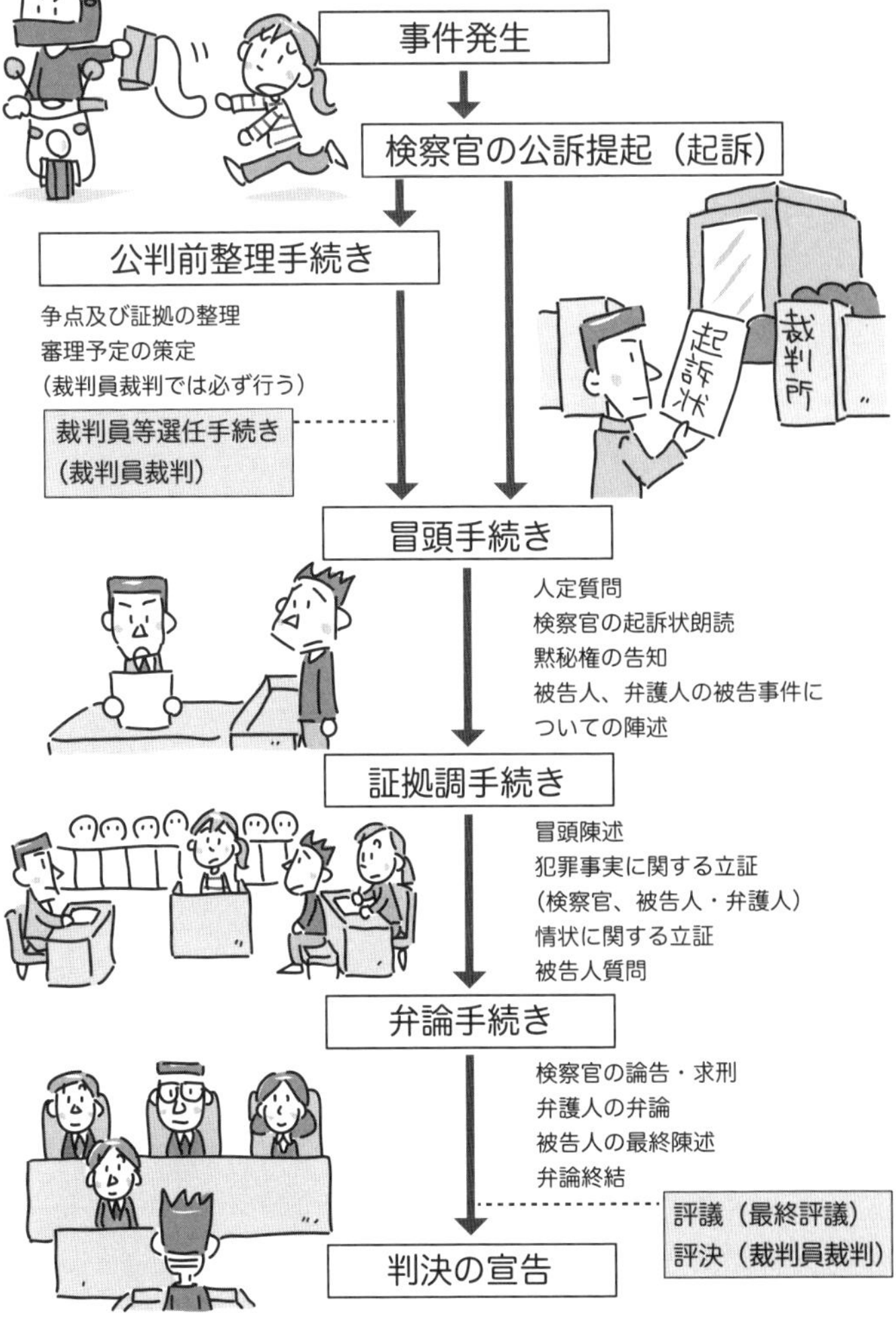
事件発生
検察官の公訴提起（起訴）
起訴状
裁判所
公判前整理手続き
争点及び証拠の整理
審理予定の策定
（裁判員裁判では必ず行う）
裁判員等選任手続き
（裁判員裁判）
冒頭手続き
人定質問
検察官の起訴状朗読
黙秘権の告知
被告人、弁護人の被告事件について陳述
証拠調手続き
冒頭陳述
犯罪事実に関する立証
（検察官、被告人・弁護人）
情状に関する立証
被告人質問
弁論手続き
検察官の論告・求刑
弁護人の弁論
被告人の最終陳述
弁論終結
評議（最終評議）
評決（裁判員裁判）
判決の宣告

感想を聞いたところ、「非常に良い経験」または「良い経験」と感じたと回答した人が一貫《かん》して95％を超《こ》えている。このため報告書は、制度施行《しこう》を機に刑事《けいじ》裁判に対する国民の印象が大きく好転し、多くの国民に肯定的《こうていてき》に受け止められてきたと結論づけている。続いて、課題ごとに報告書の内容を見てみよう。

①裁判員候補者の辞退率

すでに全国で1万1000件の裁判員裁判が実施《じっし》され、約8万9000人の国民が裁判員として参加している。施行《しこう》後3年が経った時点での検証では、裁判員候補者のうち、辞退した人の割合は61・6％で、その後も上昇傾向が続いた。だが、裁判員選任に支障が生じた例はなく、制度の安定的な運用に差し迫《せま》った影響《えいきょう》は及《およ》ぼしていない。

②公判準備

証人や被告人《ひこくにん》などの人証を中心にした、わかりやすい公判を実施《じっし》するためには、事件関係者の記憶《きおく》が新鮮《しんせん》なうちに証人尋問《じんもん》などを実施《じっし》する必要があるうえ、被告人《ひこくにん》についても早期の保釈が可能となる意味でも起訴《きそ》後1週間程度を目途に法曹《ほうそう》三者で最初の打ち合わせを行い、早期に公判期日を指定するなどの工夫を行っている。こうした公判前整理手続きの取り組みがおおむね定着してきている。さらに、柔軟《じゅうなん》かつ幅広《はばひろ》い証拠《しょうこ》開示が早期に行われるようになり、当事者の主張も必要なポイントにしぼったものにすることが意識されるようになった。

③公判

膨大《ぼうだい》な書証類を集める精密司法から、メリハリをつけた核心《かくしん》司法・公判中心主義に変えるべきとの理念が共有されつつある。このため、連日の開廷《かいてい》、人証中心の立証、書証の厳選などの運用が行われている。

④評議・判決

裁判員と裁判官がそれぞれの役割を十分に果たし、実質的に協働できる環境《かんきょう》づくりが進んだ。その結果、国民の多様な視点・感覚が量刑《りょうけい》に反映されるようになり、事実認定や量《りょう》刑《けい》の判断過程をわかりやすく書いた判決が増えている。

⑤国民参加の意義の再考

制度施行後《しこうご》、刑事《けいじ》裁判は核心《かくしん》司法・公判中心主義に立ち返る裁判を追求する方向に大きく変化した。裁判員経験者のアンケート調査でも、審理《しんり》内容について「わかりやすかった」と答えた人が施行《しこう》直後は7割を超《こ》えた。その後、一時下落したものの再び上昇《じょうしょう》し、それ以降は65％前後で推移している。

最後に、報告書は「裁判員と裁判官が実質的に協働し、裁判員の視点・感覚を裁判内容に反映させるという理想的な営みを実現していくためには、まだ改善すべき点がある。

裁判員裁判法廷の例

（中略）改めて国民が刑事裁判に参加することの意義を再考するとともに、裁判員裁判非対象事件も含《ふく》めた刑事裁判全体について刑事訴訟法《けいじそしょうほう》の本旨《ほんし》に立ち返った裁判を探求するための試行と検証を繰《く》り返《かえ》していく必要があるように思われる」と指摘《してき》している。

裁判員制度の対象になる事件は、全国の地裁で２０１８年の1年間に起訴《きそ》された被告人《ひこくにん》総数の１・６％である。対象になっていない刑事《けいじ》事件についても、核心《かくしん》司法・公判中心主義の裁判が実施《じっし》されることが期待されている。

ミニドキュメント 1 刑事裁判の実際

刑事裁判のリアルを見てみよう

司法記者の見た殺人事件の公判

現職警官による女子大生殺人事件

1978年4月20日午後1時15分、東京地方裁判所刑事11部で、ある事件の初公判が始まった。警視庁の現職警官が警ら中に一人住まいの女子大生のアパートに忍《しの》びこみ殺害するという、前例のない凶悪《きょうあく》事件だ。法廷《ほうてい》は同地裁でも大きめのものだったが、傍聴席《ぼうちょうせき》は〝殺人警官〟を一目見ようと集まった人たちで満員だった。

著者は当時、毎日新聞《まいにちしんぶん》の社会部に在籍《ざいせき》し、裁判所や検察庁を取材する司法記者だった。記者には取材用の腕章《わんしょう》が配付され、記者席でメモを取ることができた。初公判の日、著者は記者席に座り、被告人《ひこくにん》（当時21歳《さい》）が入廷《にゅうてい》するのを見守った。刑務官に先導されて入ってきた被告人《ひこくにん》は坊主刈《ぼうずが》りで、白い丸首シャツにえんじ色のブレザーを着て、足はサンダルばきだった。

「被告人《ひこくにん》は前へ」と森岡茂《もりおかしげる》裁判長に促《うなが》され、被告人《ひこくにん》は証言台の前に立った。裁判長の人定質問に答え、氏名、職業を名乗った。続いて検察官が立ち、被告人《ひこくにん》が1月10日午後、東京都世田谷区《せたがや》の女子大生（当時22歳《さい》）のアパートに侵入《しんにゅう》し、騒《さわ》がれたため首を絞《し》めて殺したとの起訴状《きそじょう》を朗読した。罪名は殺人、婦女暴行、窃盗《せっとう》、詐欺《さぎ》の4つに及《およ》んだ。これを受けて裁判長が「起訴《きそ》事実に間違いはないか」と被告人《ひこくにん》に尋《たず》ねた。罪状認否である。被告人《ひこくにん》は「殺害の気持ちも目的もありませんでした」と小さな声で答えた。つまり、殺意はなかったと主張し、法廷《ほうてい》で争う姿勢を示したのである。

冒頭陳述《ぼうとうちんじゅつ》により証明すべき事実が明らかに

続いて検察官の冒頭陳述《ぼうとうちんじゅつ》が始まった。被告《ひこく》人《にん》の生い立ちや犯行に至る経緯《けいい》を説明し、犯行の状況《じょうきょう》や被害《ひがい》の実態などを明らかにした。

それによると、被告人《ひこくにん》は鹿児島《かごしま》県指宿《いぶすき》市生まれ。小学生のころはおとなしかったが、中学生になってから生活態度が乱れ始め、万引きグループに入るなど問題児だった。高校卒業後、警察官になろうと鹿児島県警の採用試験を受けたが不採用になり、警視庁の試験を受けてようやく採用された。

警察官になってからも、勤務中に窃盗《せっとう》をして稼《かせ》いだ金で飲み歩いていた。たまたまパトロール中に女子大生の隣室《りんしつ》に空《あ》き巣《す》に入り、女子大生を見かけてから何度かアパートを訪ねていた。

犯行当日、被告人《ひこくにん》は警官の制服を着て巡回《じゅんかい》連絡《れんらく》カードを持ち、女子大生のアパートを訪れた。そのアパートは彼の受け持ち区域ではなかったが、巡回《じゅんかい》パトロールのふりをしてドアをノックした。女子大生がドアを細めに開けると、被告人《ひこくにん》は強引に巡回《じゅんかい》カードに記入を依頼《いらい》し、書《か》き込《こ》んでいるあいだに部屋《へや》に入《はい》り込《こ》んだ。その時、警棒が家具に当たり、異変に気付いた女子大生が悲鳴を上げ、窓から逃《に》げようとした。被告人《ひこくにん》が飛びかかり、激《はげ》しくもみ合ったあと、ベッドに押《お》し倒《たお》し、女子大生の首を締めて殺害、暴行した。

犯行後、被告人《ひこくにん》は部屋《へや》を出るさい、家主に出くわしたが、「女性が死んでいる。110番してくれ」と第一発見者を装《よそお》っていた。

公判は定期的に開かれ、論告・求刑へ

初公判には、女子大生の両親が群馬《ぐんま》県から上京し、法廷《ほうてい》の最前列で冒頭陳述《ぼうとうちんじゅつ》に聞き入っていた。犯行の状況《じょうきょう》をくわしく説明する場面には目を背け、その後たまりかねたように法《ほう》廷《てい》から退出した。

その後、公判は定期的に開かれ、証拠調《しょうこしら》べ手続きが行われた。まず検察側の犯罪事実の立証が続けられ、被告人《ひこくにん》に殺意があり、計画的犯行であるとの立証が行われた。最後に被《ひ》告人《こくにん》質問を行い、証拠調《しょうこしら》べが終了《しゅうりょう》した。

この間、専門医による被告人《ひこくにん》の精神鑑定《かんてい》が行われた。

論告・求刑公判で検察官は「被告人《ひこくにん》の犯行は警察官の職務に名を借りた計画的な犯行で、殺害の仕方も残虐《ざんぎゃく》だった」と指摘《してき》、死刑《しけい》を求《きゅう》

法廷。被告人質問は、中央に被告人が座って行われた。手前には傍聴席が並ぶ

刑《けい》した。これに対し、被告人《ひこくにん》の弁護人が弁論を行い、「休日に見た成人映画に刺激《しげき》されての偶発的《ぐうはつてき》犯行」と主張。刑事責任能力についても「犯行当時、精神分裂《ぶんれつ》、またはそれに近く、心神耗弱《こうじゃく》状態だった」と述べた。最後に被告人《ひこくにん》の最終陳述《ちんじゅつ》が行われ、結審《けっしん》した。

判決公判は1979年3月20日午前10時から開かれ、森岡裁判長は無期懲役《ちょうえき》を言《い》い渡《わた》した。その瞬間《しゅんかん》、被告人《ひこくにん》は両手を握《にぎ》りしめ、肩《かた》を震《ふる》わせて深々と頭を下げた。無期懲役《ちょうえき》の判決に傍聴席《ぼうちょうせき》からは軽いどよめきが上がった。

森岡裁判長は判決理由のなかで、「用心深く暮《く》らしていたひとりの女性を警察官の巡回《じゅんかい》連絡《れんらく》という職務に名を借りて襲《おそ》った犯行はまことに無道、非道、残虐《ざんぎゃく》。卒業を2カ月後に控《ひか》え、人生の開花期にあった被害者《ひがいしゃ》にとり、鬼畜《きちく》のような犯行の犠牲《ぎせい》になった無念さは想像に余りある。この犯行は警察官全体に対する国民の信頼《しんらい》を傷つけたもので、社会的影響《えいきょう》は計り知れない」と断じた。

犯行の計画性については、「被告人《ひこくにん》は2日前に見た成人映画に刺激《しげき》され、興奮が収まらないまま犯行に及《およ》んだもので、両手で首を絞《し》めた段階では殺人の未必の故意はあったが、確定的な殺意はなかった」と認定した。だが、心神耗弱《こうじゃく》の主張は退けた。

亡くなった娘《むすめ》の遺影《いえい》を抱《だ》いて判決を聞いていた両親は閉廷《へいてい》後、取材記者に感想を聞かれ、「あんなむごい殺され方をしたのに無期懲役《ちょうえき》とは残念でならない。ぜひ検察官は控訴《こうそ》してほしい」と語った。著者もメモを取りながら両親の話を聞いたが、無期懲役《ちょうえき》では両親の無念は晴れないと思った。

その後、検察側は量刑《りょうけい》不当を理由に東京高裁に控訴《こうそ》したが、同高裁は1982年11月、控訴《こうそ》を棄却《ききゃく》、無期懲役刑《ちょうえきけい》が確定した。

刑事裁判の当時と現在

当時と現在の刑事裁判を比較《ひかく》すると、いちばん大きく変わったのは殺人罪、強盗致死罪《ごうとうちしざい》などの重大犯罪に限り、裁判員裁判が行われるようになったことだ。

原則として裁判官3人に市民6人が加わって計9人で審理《しんり》しようというもので、裁判に国民の視点・感覚を反映させ、国民の司法への信頼《しんらい》を高めることをめざしている。具体的には、公判前に裁判官、検察官、弁護人の三者が集まり、あらかじめ争点を整理し、証拠《しょうこ》書類や証人について打ち合わせをしている。この制度が始まる前は、突然《とつぜん》重要な証拠《しょうこ》が検

東京・霞が関にある東京地裁

察側から提出され、弁護側がふり回《まわ》されることも少なくなかった。

2つめの大きな変化は、裁判員裁判対象事件などで逮捕《たいほ》・勾留中《こうりゅうちゅう》に行われる被疑者《ひぎしゃ》取り調べの録音・録画（全面可視化）が義務づけられたことだ。この結果、検察側の強引な取り調べは減ってきたという。ただ、すべての事件に適用されるわけではないので課題は残っている。

家庭裁判所の手続きの流れ

家庭内の紛争や非行のある少年の事件などを取り扱う

家事事件

家裁では、離婚《りこん》や相続などに関する家庭内の紛争《ふんそう》や非行のある少年の事件を専門的に取《と》り扱《あつか》う。

家裁は、家事部と少年部に分かれている。家事部では、家庭や親族の問題についての家事事件と、離婚《りこん》や親子関係の確認などの人事訴訟《そしょう》事件を扱《あつか》っている。また、少年部では、非行少年に関する事件を扱《あつか》っている。

では、事件別に裁判の具体的な流れをみていこう。まず、家事事件は家事審判《しんぱん》事件と家事調停事件の2種類に分かれている。

家事審判《しんぱん》事件は、子どもの名字の変更《へんこう》許可、相続放棄《ほうき》、養子縁組《えんぐみ》の許可などの「第一事件」と、親権者の指定・変更《へんこう》、遺産分割、養育費の請求《せいきゅう》などに関する「第二事件」に分かれている。第一事件は、公益的性格が強いので、家裁が後見的な立場から関与《かんよ》するもので、審判《しんぱん》のみにより扱《あつか》われている。

一方、第二事件は当事者が対立して争う性質の事件なので、当事者同士の話し合い（調停）で解決することが期待されているが、それでも解決できない場合は、審判《しんぱん》がされることになる。また、離婚《りこん》など訴訟《そしょう》の対象になるものは、原則として訴訟《そしょう》を提起する前に家事調停を経ることになっている。これを「調停前置主義」という。

つぎに、審判《しんぱん》・調停の手続きをみていこう。家事審判《しんぱん》事件は、担当する裁判官が当事者または利害関係人からの申《もう》し立《た》ての書類、家裁調査官の調査結果、みずからの審問《しんもん》の結果などに基づいて判断する。そのさい、国民のなかから選ばれた参与員《さんよいん》に、審判《しんぱん》に立ち会ってもらい、その意見を参考にすることもできる。

家事調停事件は、裁判官または家事調停官（弁護士を5年以上務め、最高裁から任命された人）と、国民のなかから選ばれた家事調停委員2人以上により構成される調停委員会が、当事者や関係人から言い分をよく聞いて話し合いを行う。そのうえで、中立の立場から双方《そうほう》の利益を考慮《こうりょ》し、適切で妥当《だとう》な解決が得られるように斡旋《あっせん》する。その結果、話し合いがまとまれば調停成立となるが、合意が成立する見込《みこ》みがない場合には調停不成立となり、第二事件なら審判《しんぱん》手続きに移る。それ以外の事件は終了《しゅうりょう》することになるが、当事者が訴《うった》えれば訴訟《そしょう》によって解決が可能な事件もある。

審判《しんぱん》事件の場合、審判《しんぱん》に不服があれば2週間以内に不服申《もう》し立《た》てを行い、高裁に審理《しんり》を求めることができる。

もうひとつの類型である人事訴訟《そしょう》事件のうち、代表的なものは離婚訴訟《りこんそしょう》である。当事者からの申《もう》し立《た》てがあれば、財産分《ぶん》与《よ》や子どもの養育費などについても同時に審理《しんり》される。人事訴《そ》訟《しょう》事件では、原則として家事

家事調停で使われる部屋。裁判官または家事調停官、家事調停委員、裁判所書記官、家裁調査官、当事者が会する

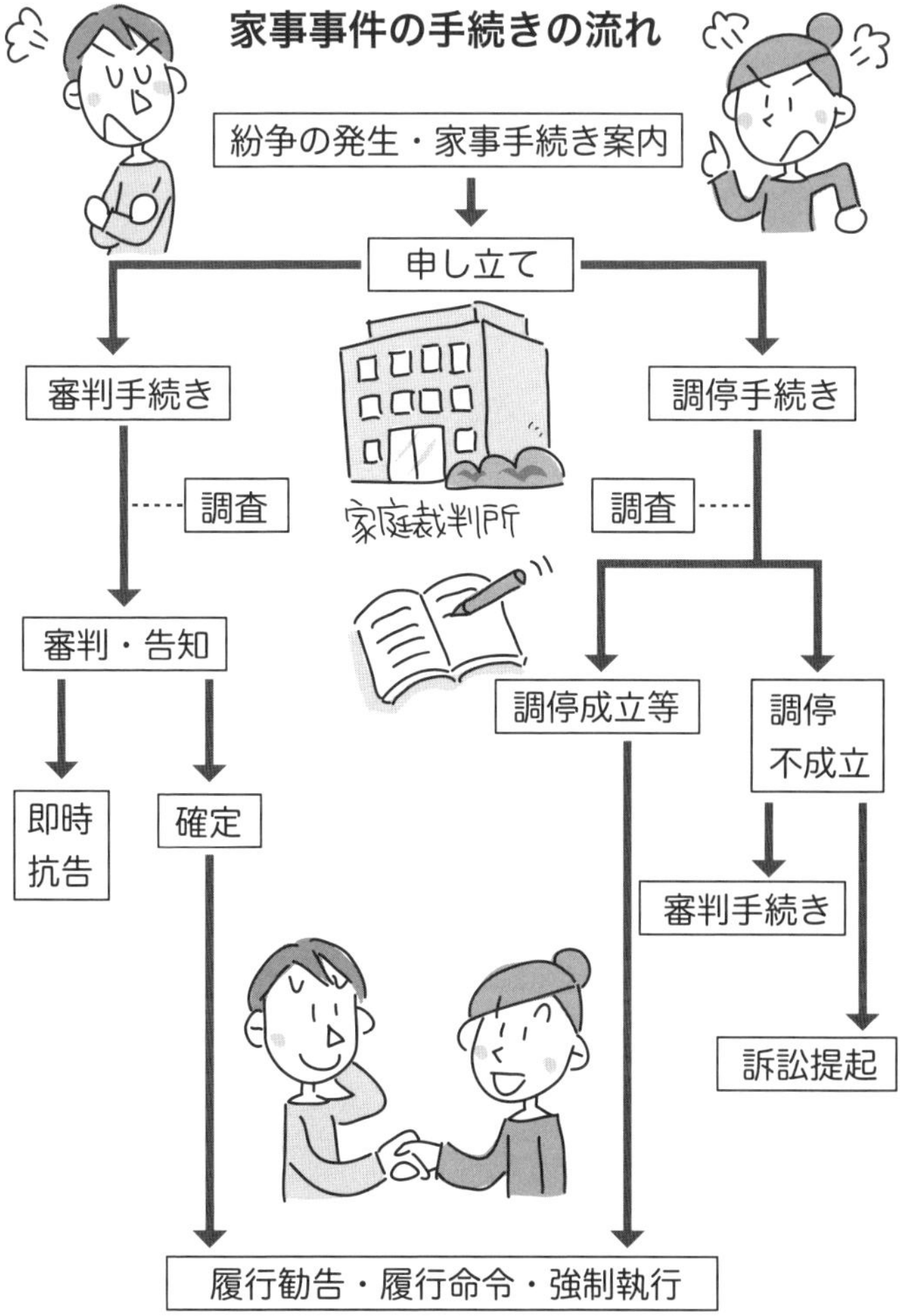

家事事件の手続きの流れ
紛争の発生・家事手続き案内
申し立て
審判手続き
調停手続き
調査
調査
家庭裁判所
審判・告知
調停成立等
調停不成立
即時抗告
確定
審判手続き
訴訟提起
履行勧告・履行命令・強制執行

調停を経ることになっているが、当事者同士の自主的な合意によって解決しない場合は、当事者双方《そうほう》が言い分を述べ、それを裏づける証拠《しょうこ》を出し合ったうえで、裁判官の判決などにより解決を図ることになる。家事調停は非公開だが、人事訴訟《そしょう》は特別な事情がある場合を除いて公開された法廷で行われる。

少年事件

少年事件は、原則として家裁の保護事件の対象になる。また、14歳《さい》未満で法令にふれる行為《こうい》をした少年（触法《しょくほう》少年）や、20歳《さい》未満で性格や環境《かんきょう》からみて、将来罪を犯す恐《おそ》れのある少年（虞犯《ぐはん》少年）も同様だ。

こうした少年の非行事件は、警察・検察

家裁内にある部屋。少年の調査や心理テストなどを行う

少年事件の手続きの流れ

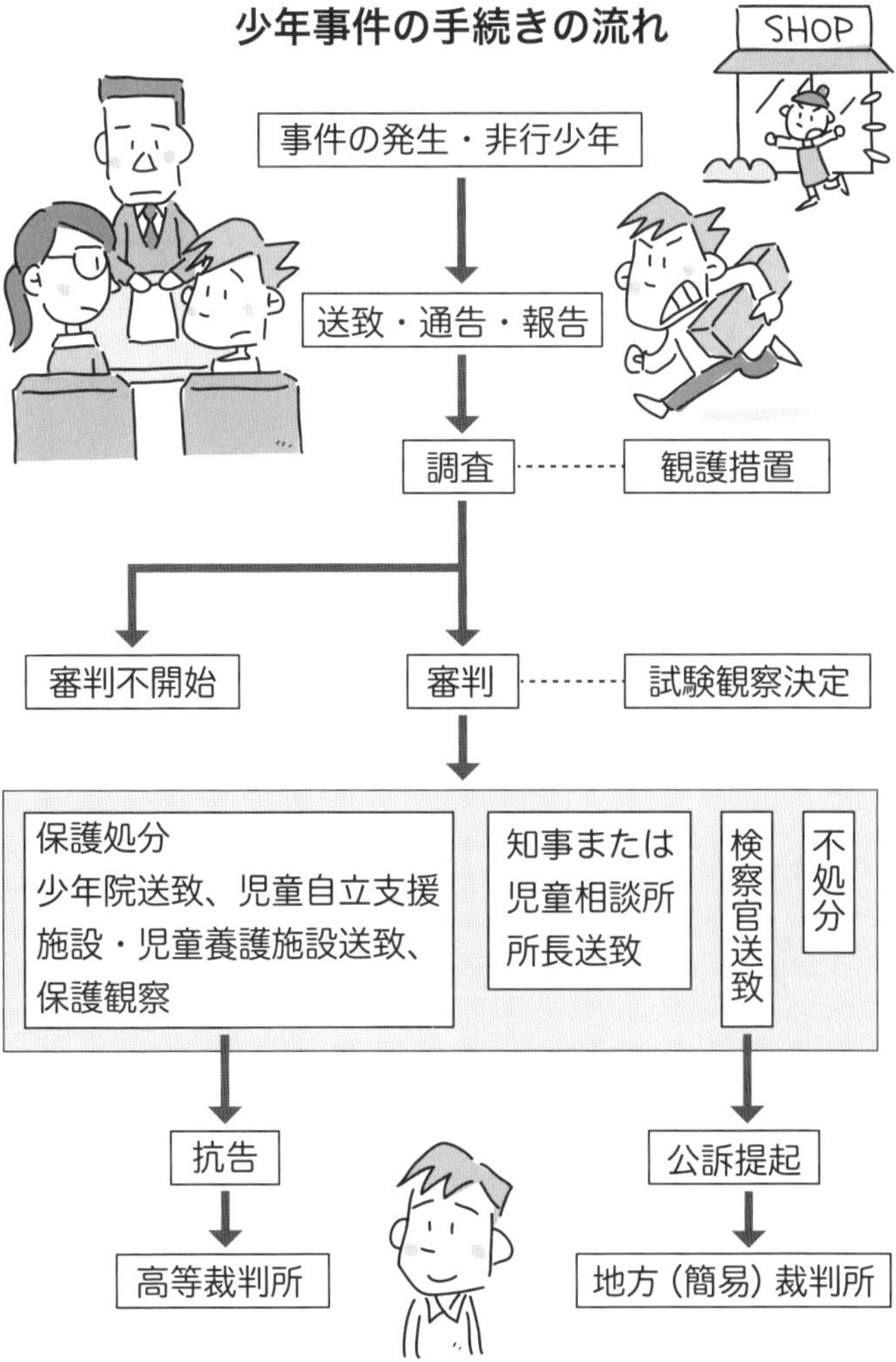

からまずいったん、家裁に送られる。これを受理すると、裁判官は家裁調査官に調査を命じる。調査官は犯罪や非行の外形的事実に止まらず、事件の背景や少年の性格、生い立ち、家庭環境《かんきょう》などを心理学・社会学・精神医学などの専門知識に基づいて科学的に調査する。

審判《しんぱん》は非公開であり、少年と保護者が出席するほか、弁護士などが付添人《つきそいにん》として付くこともある。裁判官は、調査や審判《しんぱん》の結果に基づいて処分を決定する。その種類には、保護観察官や保護司が少年に対して指導監督《かんとく》や補導援護《えんご》を行う保護観察のほか、少年をしばらく施設《しせつ》に収容し、健全な考え方や規則正しい生活習慣を身につけることができるように指導を行う少年院送致《そうち》や、児童自立支援《しえん》施設《しせつ》送致《そうち》などの保護処分がある。保護処分の必要なしとして不処分の決定が出されることもある。

最近の家事審判《しんぱん》事件では、婚姻《こんいん》費用分担を巡《めぐ》る事件が増加傾向《けいこう》にあり、離婚《りこん》条件の協議が長期化する要因にもなっている。一方、調停事件では、子どもの親権や面会交流を巡《めぐ》り、審理《しんり》期間が長引く傾向《けいこう》にある。

裁判を支える人たち

裁判に欠かせない書記官や事務官、家裁調査官ら

裁判所で活躍《かつやく》するプロフェッショナル

裁判所を裁判官とともに支えているのは、裁判所書記官や裁判所事務官、家庭裁判所調査官らである。書記官は、事件記録の作成や判例の調査などで裁判官のパートナーを務め、事務官は司法行政事務や裁判の補助をする役割を担っている。また、家裁調査官は家事事件や少年事件の調査を行って裁判官と連携《れんけい》している。

最高裁作成の「裁判所データブック2023」によると、こうした裁判所職員は全国に約2万1800人いる。このうち書記官が約9900人（約45％）、事務官が約9400人（約43％）、家裁調査官が約1600人（約7％）の順。このほか、裁判に関する速記をとる速記官、民事裁判の執行《しっこう》に関する事務などを担当する執行官らがいる。

図表3 裁判所職員（一般職）の内訳

官職名等	定員（人）
書記官	9,878
速記官	200
家庭裁判所調査官	1,598
事務官	9,376
その他	692
合計	21,744

執行官を除く。『裁判所データブック2023』より

専門職としてみがかれる技能

職員採用試験は事務官と家裁調査官補とで行われている。

事務官の試験は、総合職と一般職《いっぱんしょく》に分かれていて、総合職試験では政策の企画《きかく》立案などに係る高い能力を有するかどうかが重視される。一般職《いっぱんしょく》試験では、的確な事務処理に係る能力を有するかどうかが重視される。

書記官希望者は、事務官として採用された後、裁判所職員総合研修所の入所試験に合格すると、翌年度から書記官養成課程で法律の理論、実務などを学び、修了後《しゅうりょうご》に書記官に任官される。

一方、家裁調査官補として採用されると、約2年にわたり家裁調査官養成課程で執務《しつむ》に必要な行動科学や法律などの理論、実務について学び、修《しゅう》

了後《りょうご》に家裁調査官に任命される。

なお、裁判所職員総合研修所は、埼玉《さいたま》県和光《わこう》市にある。最高裁判所の研修機関で、裁判官以外の裁判所職員に対する職務能力向上のためのさまざまな研修や各種の研究を行っている。専門職として必要な技能・技法を身につけ、力を伸《の》ばすための専用設備や、全国から研修に集まる職員のための宿泊施設《しゅくはくしせつ》も備えている。

裁判所職員の採用試験の詳細《しょうさい》は裁判所ウェブサイト「裁判所職員採用試験」*を見てほしい。

＊https://www.courts.go.jp/saiyo/index.html

ミニドキュメント 2 裁判所書記官

コミュニケーション能力が大事

東《とう》京《きょう》家《か》庭《てい》裁《さい》判《ばん》所《しょ》家《か》事《じ》部《ぶ》
高《たか》橋《はし》寛《ひろ》幸《ゆき》さん

家裁書記官とは

高橋寛幸さんは１９８３年、群馬県玉村《たまむら》町で生まれた。神奈川《かながわ》大学法学部、同大学法科大学院を卒業後、裁判所事務官の採用試験に合格。２０１３年４月、東京地裁に事務官として採用された。刑事部に1年間勤務した後、裁判所職員総合研修所で裁判所書記官養成課程研修を受けた。その後、東京簡裁で民事の立会書記官を３年勤め、２０１８年４月から東京家裁で書記官として働いてる。

高橋さんは、東京家裁家事５部に所属している。遺産分割の専門部で、裁判官は５人、書記官が20人、それに事務官が１人いる。

書記官は、法廷《ほうてい》立ち会い、調書作成などを行うとともに、必要に応じて裁判官と協議し、協働して職務を行う。裁判官とは、主宰者《しゅさいしゃ》と補助者の関係にある。

高橋さんは高校生のころから法曹界《ほうそうかい》にあこがれ、大学法学部に進学。大学院でも法律を専攻《せんこう》した。さらに、司法試験も受験しており、「裁判所の運営側に回り、法廷《ほうてい》のマネジメントをやりたいという思いが強かった」と語る。

調停を主軸《しゅじく》に動く日々

高橋さんに家事部の一日のスケジュールを説明してもらった。

調停委員が進行係を務める家事調停は週3、4回開かれる。午前8時半には出勤し、事務連絡《れんらく》などのメールをチェックする。その後、午前10時からの調停に向けて記録の文書やファクスで来た文書を確認し、裁判官と打ち合わせをする。文書の準備が終わると裁判官及《およ》び調停委員の指示を受け、調停室に入り、調停委員らといっしょに調停を切《き》り盛《も》りする。午後も調停が入っている日は、夕方まで同様の作業が続く。

遺産分割を担当する5部には、年間千数百件もの申《もう》し立《た》てがある。その大半が高齢《こうれい》の肉親などの死亡にともない、遺産を分けるさいのトラブルだという。高橋さんはこう説明する。

「親の老後の面倒《めんどう》を見てきた人が『ほかの人には絶対遺産を分けたくない』と言い張り、調停委員が『民法で分割分が決まっているんです』と説明すると、『そもそも法律がおかしい』などと言って、なかなか話を聞いてくれないことがあります。当事者が感情的になっても、こちらは感情で応じるわけにはいきません。議論は平行線になってしまいます。

判例六法や書類確認で使用する電卓などは必需品

兄弟同士で言い合ったり、姉妹で言い合ったりするケースも少なくないですね」

遺産分割の対象になるのは、親などが亡くなってから現在まで残っている財産だ。本人だけでなく、子どもたちが保管している現金も分割の対象になるが、借金など負の財産は対象にならない。つまり、土地、建物、現金、預貯金、株式などが分割の中心だという。亡くなった人が書いた遺言がある場合は、遺産は基本的に分割済みと見なされ、家事5部にはもちこまれない。

「この部に来てはじめて、遺産分割ってこんなに難しいのか、と思いました。法律もそうですが、いろいろなケースがあってどうしたらいいか、迷う案件が多いですね」と高橋さんは語る。

制度改正も把握《はあく》しながら

２０１９年７月に民法が一部改正され、「特別の寄与《きよ》」という制度が施行《しこう》された。たとえば、母親が亡くなった時、法定相続人の息子《むすこ》が死亡していると、その妻が介護《かいご》していても、これまでは遺産分割時に妻の寄与《きよ》行為として考慮《こうりょ》することができなかった。だが、改正後は「特別の寄与《きよ》をした」と認められれば息子の妻にも一定額が支払《しはら》われることになった。

こうした法律改正などの場合は、まず書記官が改正例を調べてから裁判所内に通知するケースが多い。

「専門部なので新しいケースが出てくると、最初に調査・検討するのが書記官なんです。そうして調査した結果を担当の裁判官に報告

過去の判例も把握し、かつ法律改正についての知識も重要

問題点を整理して裁判官と打ち合わせ

すると、『その提案してもらった方向で、続けて取り組んでください』と言われるのです。そういう時には、やりがいを感じますね」

チームとして働くやりがい

仕事への満足度について聞いてみると、高橋さんは自身の経験からつぎのように話した。

「100%とは言えませんが、95%くらいの満足感はあります。もともと法律家になりたいという気持ちから、この仕事を志望しました。実際に書記官になってみると、自分がしっかりと調査・検討して働きかけ準備すれば、当事者も裁判官もかかわる人たちみんながうまく動けるんだということがわかり、楽しくなりました。国民のために迅速《じんそく》な裁判を実現することができれば、自分としてもやりがいを感じます」

最後に、この仕事をめざす人へメッセージを語ってもらった。

「裁判所というと堅苦《かたくる》しいイメージを抱《いだ》く人が多いかもしれませんが、この職場には先輩《せんぱい》も後輩《こうはい》も分《わ》け隔《へだ》てなく話せる雰囲気《ふんいき》があります。家裁では、当事者のほか、裁判官、書記官、家裁調査官など、関係する人が多くいます。こうした人たちとうまくコミュニケーションがとれないと仕事に支障が出ます。大事なのは、信頼《しんらい》関係をベースに、チームとして円滑に動けることですね」

事務官や書記官の研修を受けながら地裁刑《けい》事部《じぶ》、簡裁民事、家裁家事部と経験を重ねてきた高橋さんだけに、エキスパートとしての自信が感じられた。

ミニドキュメント 3 家庭裁判所調査官

当事者とともに考え、解決できる仕事

横《よこ》浜《はま》家《か》庭《てい》裁《さい》判《ばん》所《しょ》家《か》事《じ》調《ちょう》査《さ》官《かん》室《しつ》
武《たけ》田《だ》一《かず》葉《は》さん

家族法をきっかけに家裁調査官を志望

武田一葉さんは１９８４年、千葉《ちば》県出身。千葉大学法経学部法学科を卒業後、家庭裁判所調査官補採用試験に合格した。２００８年4月、横浜家裁に家庭裁判所調査官補として採用。家庭裁判所調査官養成課程を修了《しゅうりょう》後、２０１０年に家庭裁判所調査官（以下、家裁調査官）に任官され、横浜家裁に2年間勤務。その後、福島《ふくしま》家裁いわき支部、千葉家裁を経て２０１８年から再び横浜家裁に勤務している。

家裁調査官は、家事事件などの当事者や非行を起こした少年らと面接するなどし、紛争《ふんそう》の原因や非行に至った動機、環境《かんきょう》などを調査。その結果を報告書にまとめ、自分の意見をつけて裁判官などに報告するのが仕事だ。

武田さんは大学在学中、家族法に興味をもち、家裁調査官という職種があることを知った。

「家裁調査官は当事者といっしょに考えて解決していく仕事だと聞き、興味をもちました。法律を社会に活かす仕事をしたいと思っていたので、家裁調査官補採用試験を受けました」

家裁調査官を志望した動機をこうふり返る。続いて、家裁調査官のある一日の仕事のスケジュールを聞いた。武田さんは現在、家事事件の担当で、午前中は調停委員が進行役を務める調停に立ち会い、当事者の話を聞いたりする。

午後は、担当裁判官の命令に基づき当事者の自宅などを訪問し、事情を聞いて家庭環《かん》境《きょう》などを調査する。

少年に自覚をうながし助言

武田さんに、これまで担当してきた事件のなかでいちばん記《き》憶《おく》に残っている事件を聞いたところ、横浜家裁でかかわった少年事件をあげた。その少年は中学卒業後、因縁《いんねん》をつけて暴力をふるい、傷害罪で少年鑑別所《かんべつしょ》に収容されていた。この施設《しせつ》は家裁の審判《しんぱん》前に法務技官などの専門家が資質を鑑別《かんべつ》する機関。それ以前にも非行を犯《おか》し、少年院に収容されたことがあり、本人も自暴自棄《じき》になっており、親も手を焼いている状態だった。

武田さんは「このままではどのような処分となっても、また事件を起こすことになりかねない」と思いながら、少年鑑別所《かんべつしょ》に調査に行った。そして調査をひと通り行った後、

「ほんとうにあなたはこのままでいいの？」と切り出し、これからの長い人生をどう生きていくべきかについて時間をかけて話をした。

武田さんの話を静かに聞いていた少年は、やがて口を開き、「自分のしたことをふり返って考えてみる。もし少年院に行くことになっても、がんばる」と前向きに話すようになっていた。

審判《しんぱん》の結果、少年院送致《そうち》と決まったが、少年は裁判官が説明する処分の理由をしっかりと聞き、「はい、わかりました」と答えていた。

そうした一連の少年の行動を見た武田さんは、「人は、誰《だれ》かに心配されていると自覚することで、自分のことを認めてもらえるとわかり変われるんだな」と思ったという。

「その少年も今ごろは家に戻《もど》って、きちんと

家事審判のため、裁判官といっしょに事前書類を確認　取材先提供

地道に生活していると思います」と話した。

両親と子どもに寄《よ》り添《そ》って

さらに武田さんは、家事事件でも記《き》憶《おく》に残っている事案があると言い、母親が小学校低学年の女の子を連れて家を出たケースをあげた。

離婚《りこん》した父親は女の子との面会交流を求める調停を申《もう》し立《た》て、「子どもに早く会わせてほしい。会わせてくれないのは犯罪に等しい」と怒《いか》りの声をあげた。だが、母親は父親の威圧的《いあってき》な態度を見て、女の子との面会に消極的になった。調停での話し合いを重ねたものの父親は母親を非難し続け、話が進まなかった。その後、裁判官が武田さんに、「お子さんがどのような気持ちでいるかを調査してくるように」との調査命令を出した。

武田さんが女の子に会って話を聞くと、「お父さんもお母さんも好き。今は3人いっしょになれないのが寂《さび》しい」と打ち明けられた。その結果を調停の場で両親に伝えると、父親は「子どもに寂《さび》しい思いをさせていたことがわかりました」としみじみ話した。

その後、家裁の中で父親と女の子が面会交流をする場をつくった時には、父親は「お母さんと楽しく暮《く》らしているの?」と言葉をかけた。女の子が母親と旅行した話をすると、父親は帰り際に「これからもお母さんと仲良くするんだよ」と言って別れたという。

武田さんは、最近親が子どもとの面会交流を申《もう》し立《た》てるケースが増えていると指摘する。「面会交流は、お子さんを中心として考える必要があります。そのため、お子さんの気持ち、日常生活のスケジュール、生活リズムなどを踏《ふ》まえ両親がよく話し合って面会交流の方法などを決めないといけないと思います」

当事者が一歩を踏《ふ》み出《だ》す時

武田さんに、家裁調査官としてやりがいを感じるのはどういう時かと尋《たず》ねると、つぎのように話した。

「私たち家裁調査官は、当事者が大事な選択をする場面に立ち合い、いっしょに考えたり悩んだりします。その人が納得する決断ができて、一歩踏《ふ》み出すことができた時、それに寄《よ》り添《そ》えると、やりがいを感じ、幸せな人生を歩んでいってくれるといいなと思います」

最後に、家裁調査官に興味がある中高生に向けて、この職業の適性や職場の雰囲気《ふんいき》について語ってくれた。

「家裁調査官はその人の人生の重要な場面で

家裁の中にある少年の調査をする部屋。心理テストなどもここで行う

「家庭に平和を、少年に希望を」が家裁創設時の標語であり役割

深いかかわりができる仕事ですので、人に対して興味があることが大事だと思っています。この仕事に興味をもった方はどんどんチャレンジしていただきたいです。裁判所は堅苦《かたくる》しい職場というイメージがあるかもしれませんが、風通しがよく、おたがいに相談しやすい明るい雰囲気で意欲《いよく》的に仕事ができています」

武田さんの言葉の端々《はしばし》から、家裁調査官にやりがいを感じ、仕事に打《う》ちこんでいる様子が伝わってきた。

生活と収入

職場は日本全国の裁判所 男女ともに働きやすい環境

裁判官の勤務形態

裁判官は検察官同様、転勤が多い。おおむね3年ごとに転勤があり、全国どこへでも赴《ふ》任《にん》する可能性がある。家族がいればいっしょに引《ひ》っ越《こ》すことも少なくない。ただ、どこの職場に異動しても宿舎が整備されていることが多いので、住宅探しの心配はない。

転勤の範囲《はんい》は全国規模だが、定年まで全国どこへでも行かされるというわけではない。ベテラン裁判官ともなると、転居しなくても通勤できる範囲内《はんいない》での異動が多いようだ。裁判所が都市部にあるか、地方にあるかで取《と》り扱《あつか》う事件の数もまちまちであり、公平を期す意味で、都市部と地方に交互に配属される傾向《けいこう》が強い。

また、裁判官同士で結婚《けっこん》した場合、おたがいの配属地を近隣《きんりん》にするように配慮《はいりょ》されるケースも少なくない。配属先の希望は毎年、一定の時期に伝える機会がある。いつ転勤になってもいいように準備しておいたほうが無難なようだ。

女性裁判官の比率が増加

裁判官全体に占《し》める女性の比率が年々増えている。日本弁護士連合会が２０２３年にまとめた「弁護士白書２０２３」によると、２００５年には裁判官全体に占《し》める女性の比率は16・５％だったが、２０１０年に20％を超《こ》え、２０２３年には28・７％になった。約10年間に、おおむね５人に１人からおよそ３人に１人に増えたことになる。

女性検察官の比率も、この10年間に５人に１人から３人に１人の割合になった。一方、女性弁護士は増加率が低く、２０２３年でも20％をやや下回っている。

女性裁判官が増えている理由について最高裁判所広報課は、「女性裁判官の採用比率はここ10年ほど、30％を超《こ》える傾向《けいこう》が続いています。40％を超《こ》えた年も２回あります。女性裁判官の採用が増えているのは、女性にとって働きやすい職場だからではないでしょうか。裁判官は自分が受けもつ事件の審理《しんり》をきちんと行っていくことが重要で、その他の業務は柔軟《じゅうなん》に対応できる面があります」と話している。

図表4 裁判官数・検察官数・弁護士数の推移

年	裁判官数（簡裁判事を除く）			検察官数（副検事を除く）			弁護士数		
	総数（人）	男性の割合	女性の割合	総数（人）	男性の割合	女性の割合	総数（人）	男性の割合	女性の割合
2004	2,385	—	—	1,563	87.2%	12.8%	20,224	87.9%	12.1%
2005	2,460	83.5%	16.5%	1,627	86.2%	13.8%	21,185	87.5%	12.5%
2006	2,535	83.1%	16.9%	1,648	85.2%	14.8%	22,021	87.0%	13.0%
2007	2,610	82.6%	17.4%	1,667	84.4%	15.6%	23,119	86.4%	13.6%
2008	2,685	81.4%	18.6%	1,739	82.8%	17.2%	25,041	85.6%	14.4%
2009	2,760	80.4%	19.6%	1,779	81.8%	18.2%	26,930	84.7%	15.3%
2010	2,805	79.7%	20.3%	1,806	81.0%	19.0%	28,789	83.8%	16.2%
2011	2,850	79.1%	20.9%	1,816	80.3%	19.7%	30,485	83.2%	16.8%
2012	2,850	78.1%	21.9%	1,839	80.2%	19.8%	32,088	82.6%	17.4%
2013	2,880	77.5%	22.5%	1,847	79.6%	20.4%	33,624	82.3%	17.7%
2014	2,944	76.9%	23.1%	1,877	78.6%	21.4%	35,045	81.9%	18.1%
2015	2,944	76.0%	24.0%	1,896	77.6%	22.4%	36,415	81.8%	18.2%
2016	2,755	74.4%	25.6%	1,930	77.1%	22.9%	37,680	81.7%	18.3%
2017	2,775	73.8%	26.2%	1,964	76.5%	23.5%	38,980	81.6%	18.4%
2018	2,782	73.5%	26.5%	1,957	75.4%	24.6%	40,066	81.4%	18.6%
2019	2,774	73.3%	26.7%	1,976	75.0%	25.0%	41,118	81.2%	18.8%
2020	2,798	73.0%	27.0%	1,977	74.6%	25.4%	42,164	81.0%	19.0%
2021	2,797	72.8%	27.2%	1,967	74.0%	26.0%	43,206	80.7%	19.3%
2022	2,784	71.8%	28.2%	1,980	73.6%	26.4%	44,101	80.4%	19.6%
2023	2,770	71.3%	28.7%	1,983	72.8%	27.2%	44,916	80.2%	19.8%

1．裁判官数は最高裁判所調べによるもので、簡裁判事を除く各年4月現在（ただし、2016年以降は前年12月現在であり、計上方法を変更した）。なお、2004年までの簡裁判事を除いた男女の内訳については、不明である。
2．検察官数は法務省調べによるもので、副検事を除く各年3月31日現在（ただし、2022年は5月31日現在）。
3．弁護士数は、正会員数で各年3月31日現在（ただし、2022年は5月31日現在）。
「弁護士白書2023年版」より。

給与《きゅうよ》

裁判官の給与《きゅうよ》は「裁判官の報酬《ほうしゅう》等に関する法律」で決められている。報酬《ほうしゅう》月額は最高裁長官が約201万円、最高裁判事が約147万円、東京高裁長官が約141万円、そのほかの高裁長官は約130万円となっている。一般《いっぱん》の裁判官は判事が1号から8号、判事補が1号から12号に分かれていて、初任給は月額約25万円。これにボーナスと各種の手当がつく。なお、待遇面《たいぐうめん》での男女の区別は一切ない。

裁判官のこれから

国際化していく社会に合わせ法曹界も変化し続ける

現代社会の変化へ順応し切磋琢磨《せっさたくま》を

日本にはじめて裁判官が登場したのは、約150年前の1871（明治4）年である。その翌年には全国に裁判所が設置された。その後、グローバリズムの進行で世界はどんどん狭《せま》くなり、わが国を訪れる外国人の数も2018年には年間3000万人を超《こ》えた。それとともに犯罪も国際化の一途《いっと》をたどっている。

東京地検特捜部《とくそうぶ》に金融商品取引法違反《いはん》容疑で逮捕《たいほ》された日産自動車《にっさんじどうしゃ》前会長、カルロス・ゴーン被告人《ひこくにん》は保釈中の2019年12月、日本から密出国により中東レバノンに逃亡し、「日本は刑事司法制度自体が不正義」と訴え、世界の注目を集めた。その根拠に挙げたのは①人権無視の長期勾留《こうりゅう》②裁判が長過ぎる③有罪率が99％の高率、の3点だった。これに対し、当時の森雅子《もりまさこ》法相は「わが国の刑事司法制度は個人の基本的人権を保障しつつ、適正に運用されている」と反論。さらに米紙ウォールストリート・ジャーナルの批判に対しても「(日本の司法手続きは)裁判官によるチェックも含《ふく》め慎重に進められ、容疑者や被告人《ひこくにん》の権利にも細心の注意を払っている」などと反論したが、国際社会の理解を得られたとは言い難い。

特に、被疑者の身体を長期間拘束《こうそく》し、親族らとの接見を制限するような取り調べは「人質司法」と呼ばれ、国際的にも独特な手法といわれている。弁護士の同席を認めない取り調べもそのひとつだが、法務省は「同席を認めると十分な供述を得られず、真相解明を望む国民の理解は得られなくなる」と反対している。

さらに、「有罪率99%の陰で裁判官が有罪慣れして無罪の人を見抜けず、冤罪《えんざい》を生んでいる」と指摘する元裁判官も少なくない。このため被疑者の取り調べの録音・録画(全面可視化)や証拠開示の徹底を求める意見も出ている。

こうした問題は、法務省、最高裁、日弁連など関係機関が総力をあげて取り組むべき課題である。幸い、日本の法曹界《ほうそうかい》には、司法研修所で裁判官、検察官、弁護士のタマゴがいっしょに学び、鍛えあう良き伝統がある。こうした交流を通じて育んだ一体感を活用して法曹界《ほうそうかい》全体で取り組むことによって展望が開けてくることを期待したい。

Column

裁判官の法服

法服とは、裁判官、検察官、弁護士、書記官など職務上法廷《ほうてい》に立ち会う法曹《ほうそう》関係者及《およ》び裁判所職員が法廷《ほうてい》で着用した制服を指す。現在、検察官、弁護士には制服の規定はなく、自由である。

法服の色は黒と決められている。黒は、どんな色にも染まらないので、裁判官の公正さを表している。

わが国初の法服は、かつて上衣と帽《ぼう》から成っていた。帽《ぼう》は黒地雲紋《くろじうんもん》で、古代の官人が被《かぶ》っていた冠《かんむり》に似た形だった。上衣は黒地で、襟《えり》と胸に唐草《からくさ》模様と桐《きり》の刺繍《ししゅう》が施《ほどこ》され、刺繍《ししゅう》の糸の色で官職、桐《きり》の個数で裁判所の等級を表した。

裁判官の場合、刺繍《ししゅう》は紫《むらさき》で、桐《きり》は大審院《だいしんいん》が7個、控訴院が5個、地裁と区裁が3個だった。検察官は緋色の刺繍《ししゅう》で、桐《きり》の数は裁判官と同じ。弁護士は白の唐草《からくさ》模様のみだった。

明治時代初期の法廷《ほうてい》では、裁判官・検察官の服装《ふくそう》は定まっておらず人によりさまざまであった。そのため司法大臣からの提案により、ヨーロッパで古く

から使われているガウン型の法服が導入された。1890（明治23）年2月に制定された裁判所構成法では、公開の法廷《ほうてい》では裁判官、検察官、裁判所書記官は法服を、弁護士は職服を着用するよう定められた。

法服、職服は、国学者で服飾史《ふくしょくし》にも造詣《ぞうけい》の深い東京美術学校の教員、黒川真頼《くろかわまより》により考案された。黒川はすでに、聖徳太子《しょうとくたいし》像から考案した古代官服風の制服を美術学校の制服にしており、それに似た法服を考案した。

第二次世界大戦後、裁判所構成法が廃止《はいし》され、新たに裁判所法が制定されたが、法服の規定はなく、着用する人としない人が混在した。最高裁は1949（昭和24）年、「裁判官の制服に関する規則」を制定し、新たに裁判官の法服を決めた。書記官も裁判官に似た制服を着用している。

裁判官の法服着用を定めた理由について、最高裁は「法廷は手続きが秩序《ちつじょ》正しく行われなければならない場所であり、公正さと、人をさばく者の職責《しょくせき》の厳しさを表すとともに、裁判官みずからにそのような立場にあることを自覚させるため」と説明している。

3章

なるにはコース

資質と心構え

司法・裁判の公平さを胸に、紛争の先に当事者の人生があることを忘れずに

裁判官の基本理念

裁判官というと、ギリシャ神話に出てくる「法の女神テミス」像を思《おも》い浮《う》かべる人もいるかもしれない。女神は片手に剣《けん》、もう片方の手に天秤《てんびん》を下げていて、剣《けん》は「力」を、天《てん》秤《びん》は正邪《せいじゃ》を測る「正義」を示している。女神像は、古来司法・裁判の公正さを表すシンボルとして裁判所などに置かれている。女神が目隠《めかく》しをしているのは、前に立つ人物の顔を見ないことを表し、貧富や権力の有無に関係なく、万人に等しく適用されるという「法の下の平等」を示している。これは法律にかかわるすべての人にとって、とりわけ判決を言《い》い渡《わた》す裁判官にとって忘れてはならない基本理念である。

求められる資質

裁判官の採用は何を基準にしているのだろうか。最高裁判所広報課に聞いた。

広報課は、「裁判官の採用は司法修習の成績や修習後の『二回試験』の結果だけで判断しているわけではありません」と述べ、裁判官に求められる能力、評価の視点としてつぎの3つをあげた。

第一に、裁判手続きを合理的に運営できる資質・能力が必要だ。基礎《きそ》になるのは、法律の知識や証拠《しょうこ》を適切に評価できる能力である。裁判は結論をしっかりと出さないといけない仕事なので、その過程で当事者ときちんと連絡《れんらく》を取り合い、争点や事件の性質に見合った解決が求められる。

第二に、裁判所は部単位で動くため、部を適切に運営する資質と能力が必要とされる。裁判官の仕事は一人ではできないため、裁判手続きについては書記官や事務官の協力を得なければいけない。つまり、チームワークを綿密に育む能力と協調性が欠かせない。

第三に、裁判官として職務を行うのに必要な一般的《いっぱんてき》な資質・能力だ。識見といわれるもので、幅広《はばひろ》い教養に支えられた視野の広さや洞察力《どうさつりょく》が重要である。

広報課は、「裁判官は事件記録とだけ向き合うのではなく、社会の中でリアルに起きている人と人との紛争《ふんそう》を解決したその先には、その人の人生があるということを考えられる想像力が必要です。裁判官の言葉の説得力にも反映されるので、人間力のようなものが求められています。法律の知識、能力も必要ですが、それと同時に組織の一員としてきちんと仕事ができる能力や識見、人に感銘《かんめい》を与《あた》えられる力が求められています」と結論づけた。

法曹資格の取り方

法科大学院進学か予備試験受験により司法試験合格をめざす

まずは司法試験を突破《とっぱ》

裁判官、検察官、弁護士になるには、司法試験に合格しなければならない。司法試験は最難関の資格試験といわれ、以前は大学卒業後、何年もかかってようやく合格するというケースも少なくなかった。その後、法曹《ほうそう》養成制度の改革で、大学卒業後、法科大学院（ロースクール）に進学、法律を専門に学んで司法試験を受験するか、あるいは法科大学院に進学せず、予備試験を受けて司法試験の受験資格を得るかの2通りの道ができている。

前者の場合、法科大学院で2、3年学ばなければならないが、司法試験の合格率は旧司法試験に比べて高くなり、門戸は広がっている。後者の場合は、年齢《ねんれい》や最終学歴の制限はないが、旧試験並《な》みの合格率で、一度で合格できる人は少ない。どちらを選ぶかは自由だが、自分の環境《かんきょう》や性格を十分に考えて選択《せんたく》する必要がある。

司法試験は、毎年5月に4日間、約20時間にわたって行われる。

初日から3日目までは論文試験（民事系、刑事系《けいじけい》、公法系の3科目と選択《せんたく》1科目）、4日目はマークシート式の短答式試験（民事系、刑事系《けいじけい》、公法系の3科目）というスケジュールだ。

論文試験の選択《せんたく》科目は倒産法《とうさんほう》、租税法《そぜいほう》、経済法、知的財産法、労働法、環境法《かんきょうほう》、国際関係法（公法系）、国際関係法（私法系）の8科目のなかから1科目を選択《せんたく》する。

この試験は、法科大学院修了《しゅうりょう》後、5年間で5回までしか受験できない決まりだ。

現在の試験制度は旧試験よりも実務的な

司法試験には経済法や労働法など幅広い知識が必須

内容で、法務省は「思考力、分析力《ぶんせきりょく》を判断する試験」と説明している。旧試験は二度に分かれて行われていたが、現在の試験は一度で終わる代わりに、4日間連続で行われるため体力も必要ともいわれている。

法科大学院へ進学して受験

法科大学院は2004年に設立された。同大学院へ進学するには大学卒業の資格が必要だが、一般《いっぱん》の大学院修士課程と違《ちが》って、標準就学年限は3年だ。ただし、法学既修者《きしゅうしゃ》と認められれば2年で修了《しゅうりょう》することもできる。法学部以外の卒業生でも、十分な法律知識を身につけていれば既修者《きしゅうしゃ》として扱《あつか》われる。

政府は当初、毎年3000人の司法試験合格者を出す方針で、それに見合った法科大学院を想定していた。ところが、いざスタートしてみると、全国で何十校もの大学が法科大学院を新設したため、総定員が予想をはるかに上回る結果となった。このため、実際に現行の司法試験が始まると、合格率の低下につながってしまったのである。

予備試験を経て受験

予備試験は、法科大学院を経由しなくても司法試験の受験資格が得られる仕組みだ。

予備試験では、短答式（5月中に試験）、論文式（7月中に試験）、口述試験（10月中に試験）の3つの試験に合格しなければならない。合格者は、合格した翌年の4月1日から5年を経過するまでの期間に限り、司法試験の本試験を受験できる。

予備試験は年齢《ねんれい》や最終学歴の制限がないので、一般《いっぱん》の学生でも早期に受験して合格すれば、法科大学院に入らず、本試験を受けられる。そのため、大学卒業後、直接予備試験を受けたほうが合格の近道とみなされる傾向《けいこう》が強まった。

実際、予備試験4年目の2014年には、予備試験の出願者数が法科大学院の志願者数を上回る状態になった。このため、首都圏《しゅとけん》の国立大学で法科大学院の募集《ぼしゅう》を停止したところも出ている。

だが、予備試験は合格率がきわめて低い。2018年度の結果を見ても、志願者1万3746人中、口述試験まで合格した人は433人で、合格率は3・88%に止まっている。

最近の司法試験の結果

2023年度の司法試験合格者は1781人で、前年度より378人増えた。受験者は3928人で合格率は45・34%。合格者数はそれまで7年連続で減少していたが、8年ぶりに増加した。

今回から受験が認められた法科大学院在学者の合格者は637人で、全体の約35%を占《し》めた。合格率は59・53%で、同大学院修了《しゅうりょう》者の合格率32・61%（817人）を大きく上回った。

司法試験全体の合格者は男性1257人、女性524人で、平均年齢《ねんれい》は26・6歳《さい》だった。最年長は66歳《さい》、最年少は19歳《さい》。

一方、法学大学院を修了《しゅうりょう》せずに受験できる「予備試験」を経た合格者は327人で、前年から68人減った。合格率は92・63%だった。

政府は2015年から合格者数の目標を「1500人程度」としていて、今回は4年ぶりに目標を上回った。

在学者の受験を認める仕組みは201

法律のあらゆる知識を

9年の制度改正で導入が決定し、今回はじめて実施《じっし》された。そのほか、大学法学部の法曹《ほうそう》コースと、法科大学院を計5年で修了《しゅうりょう》するルートもつくられた。学費などの負担を減らすとともに、法曹《ほうそう》資格を得るまでの期間を短縮し、志望者を増やす狙《ねら》いがある。

これにより、法曹《ほうそう》希望者は最短で2年早く法曹《ほうそう》になれることになった。

司法研修所での司法修習

司法修習で法曹三者の実務を身につける

司法研修所での「導入修習」「集合修習」と修習地での「実務修習」

司法試験に合格すると、司法修習生として約1年間、司法修習を受ける。修習は毎年9月の合格発表から約3カ月後の12月に埼玉県和光市《さいたまけんわこうし》にある司法研修所で始まる。

まず「導入修習」が約3週間行われる。実務修習をより効果的に行うため、実務の基礎《きそ》を学ぶのが目的だ。民事裁判、刑事《けいじ》裁判、検察、民事弁護、刑事《けいじ》弁護の5科目について、実務のイロハから教わる。

この後、修習生は全国51カ所の修習地へ移動し、裁判（民事裁判と刑事《けいじ》裁判）、検察、弁護の4分野に分かれて約2カ月間ずつ、「分野別実務修習」を受ける。裁判実務修習では、法廷《ほうてい》を傍聴《ぼうちょう》して裁判官の訴訟《そしょう》指揮を間近で見たり、裁判官と審理《しんり》の方針や判決の内容について意見を交換《こうかん》したりする。

この後、A班とB班の2班に分かれ、A班は司法研修所に戻《もど》って「集合修習」を約2カ月間受ける。実務家として活動を開始する前の総仕上げとして実務修習の体験を補完する体系的、汎用的《はんようてき》な実務教育が行われる。

その間、B班は修習地に残って「選択《せんたく》型実務修習」を受ける。修習生がみずからの進路や興味、関心に応じて主体的に選択《せんたく》し、分野別実務修習では体験できない領域の実務修習をするためである。約2カ月後にA班とB班が修習を交代《こうたい》する（図表5）。

11月中旬《ちゅうじゅん》に「二回試験」と呼ばれる試験が行われる。ほとんどの修習生が合格して法曹《そう》資格を取得するが、不合格になるといったん罷免《ひめん》され、1年後受け直す。

法科大学院設置にともない、2006年から司法修習システムが見直され、司法研修所における「前期修習」が廃止《はいし》され、期間が1年6カ月から1年に短縮された。その後、修習開始段階で修習生に不足している実務基礎知識能力に気付かせ、かつ、より効果的、効率的な分野別実務修習が円滑《えんかつ》に行えるようにする目的で、2014年から「導入修習」が実施《じっし》されるようになった。また、過去には修習中は大学卒業の初任給並《な》みの給与《きゅうよ》約20万円が支給されていたが、2011年から2016年開始の司法修習では貸与《たいよ》制度に変わり、無利息で月18万円から28万円まで借りることができた。2017年度からは修習給付金制

図表5 司法修習の流れ

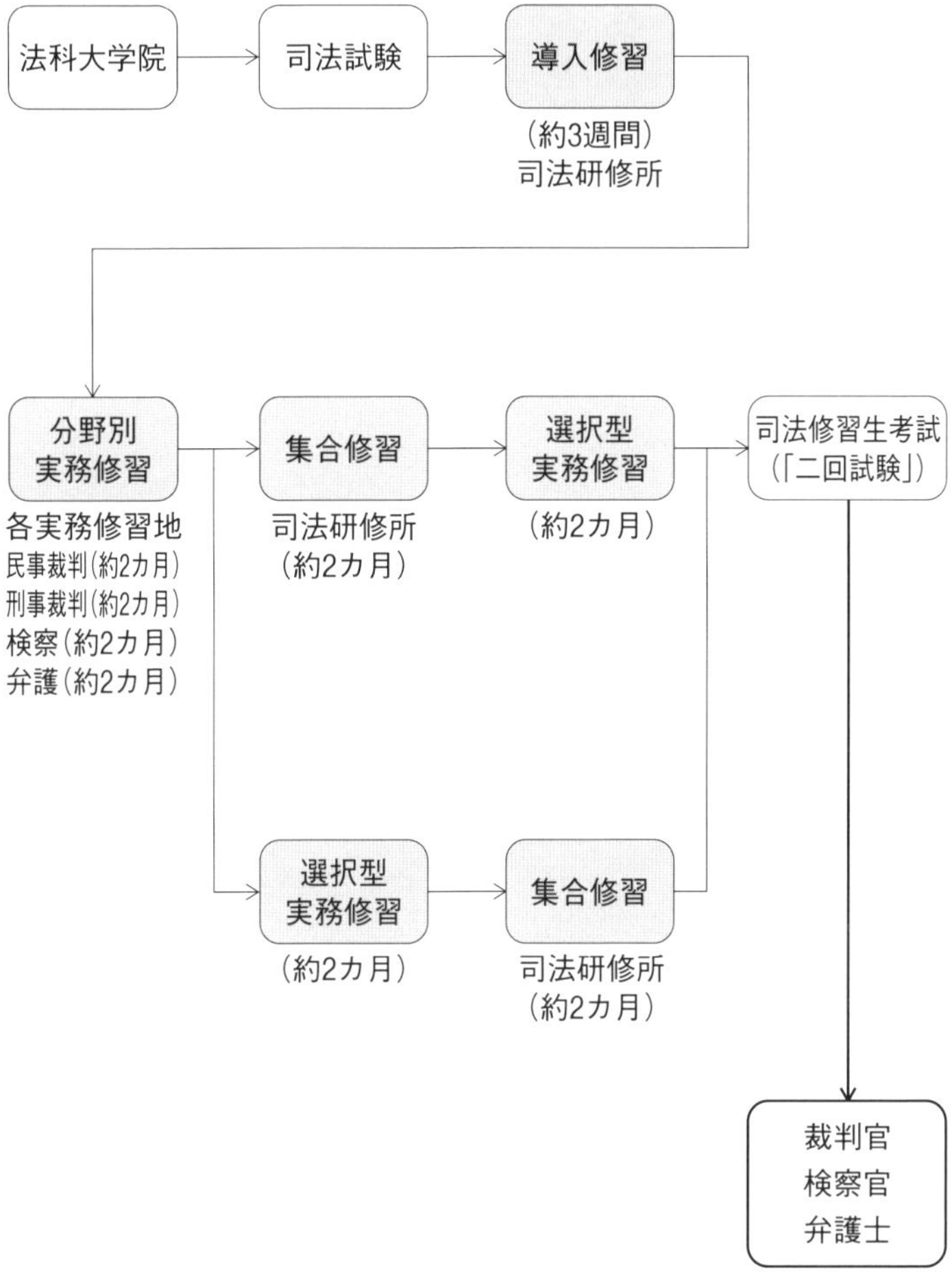
法科大学院
司法試験
導入修習
（約3週間）
司法研修所
分野別
実務修習
各実務修習地
民事裁判（約2カ月）
刑事裁判（約2カ月）
検察（約2カ月）
弁護（約2カ月）
集合修習
司法研修所
（約2カ月）
選択型
実務修習
（約2カ月）
司法修習生考試
（「二回試験」）
選択型
実務修習
（約2カ月）
集合修習
司法研修所
（約2カ月）
裁判官
検察官
弁護士

度がスタートし、基本給付金として月13万5000円が、加えて、対象者には住居給付金として月3万5000円が支給される。また、希望者は修習専念資金として、無利息で月最大12万5000円の貸与《たいよ》を受けることができる。

寮《りょう》生活で培《つちか》う連帯感

司法研修所では、修習生は1クラス70人前後で授業を受ける。各クラスには担任教官が5人ずつ付き、民事裁判、刑事《けいじ》裁判、検察、民事弁護、刑事弁護の専門家として修習生を指導する。教官は現役の裁判官、検察官、弁護士が担当する。

研修所には修習生寮《りょう》があり、約69

司法研修所本館　　最高裁判所提供

0人が入居できる。共同生活を通じて、裁判官志望者も検察官志望者も弁護士志望者も同じ釜《かま》の飯を食べる仲になる。このため法曹界《ほうそうかい》では修習同期生の連帯感が強く、修了《しゅうりょう》後も記念旅行などに出かけ、つきあいが続く人も少なくない。

裁判官志望者は最高裁に願書を提出。それを受けて最高裁が12月上旬《じょうじゅん》に面接し、最高裁に設置された下級裁判所裁判官指名諮問《しもん》委員会での審査《しんさ》を経て二回試験の合否発表後の12月下旬《げじゅん》、任官者が決定される。任官した新任裁判官は司法研修所別館で実践的《じっせんてき》なトレーニングを受ける。

フローチャート　裁判官

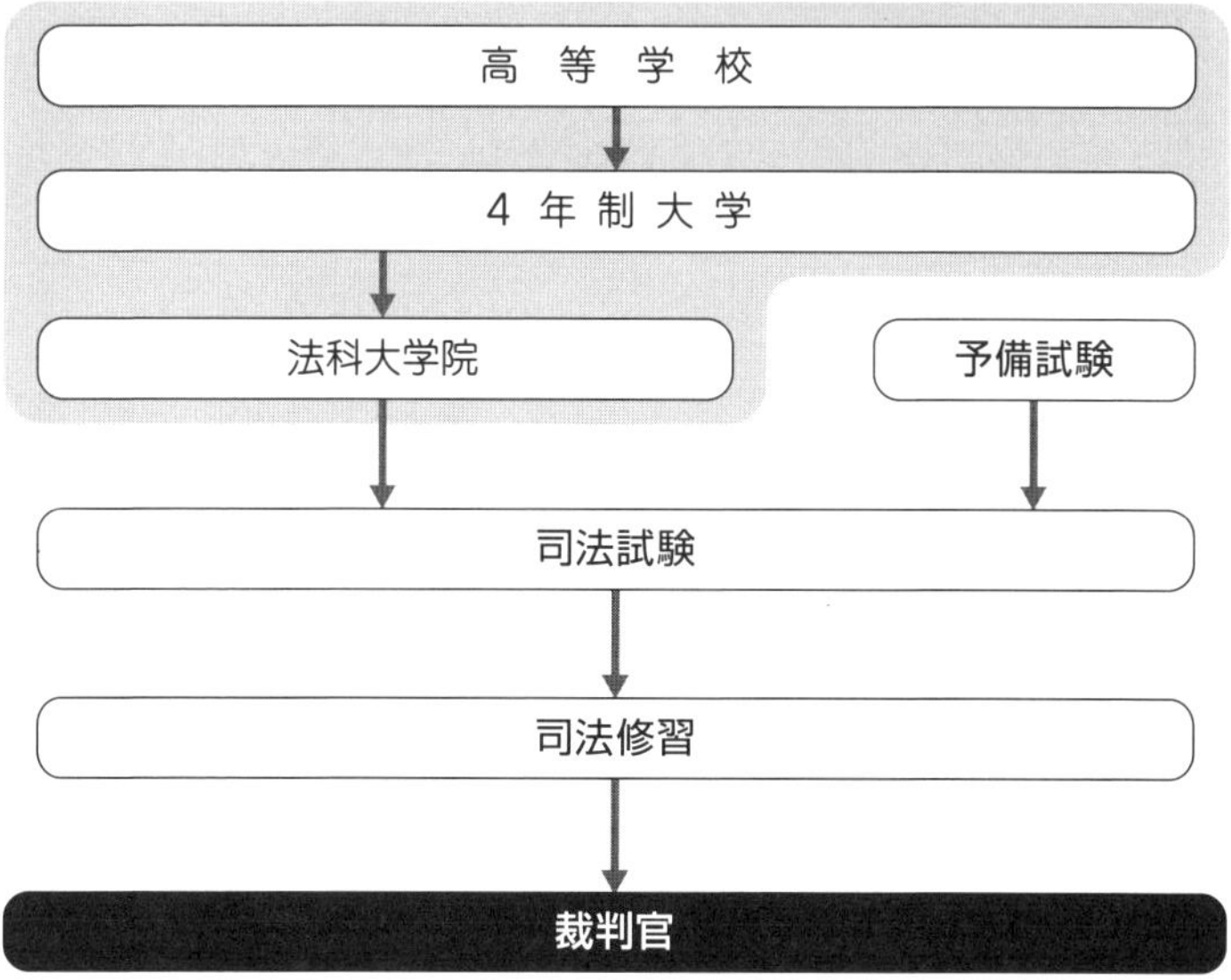
高等学校
4年制大学
法科大学院
予備試験
司法試験
司法修習
裁判官

なるにはブックガイド

『裁判の非情と人情』

原田國男著
岩波新書

地裁、高裁、最高裁で約40年間裁判官を務め、その大半を刑事裁判にたずさわってきたベテラン判事が、固苦しい社会の内幕と本音を明かす。裁判官のいちばんの欠点を「世情と人情に疎いこと」と、みずから戒めている貴重な本。

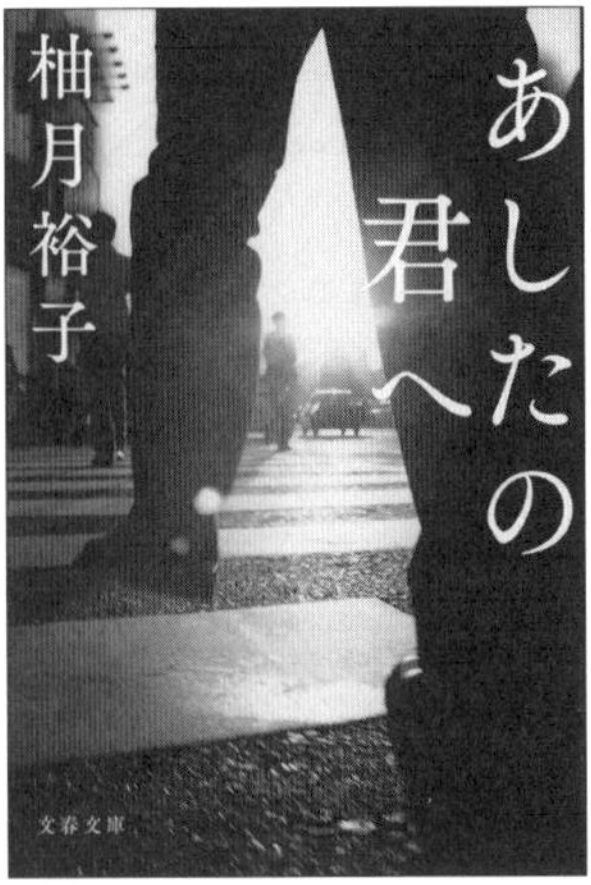

『あしたの君へ』

柚月裕子著
文春文庫

家庭裁判所調査官補になりたての新人が、九州の家裁で担当した少年事件や離婚訴訟の当事者との出会いを通じて成長していく物語。世代や家庭環境の違う人たちとどう向き合うかを、同僚や上司との対話から学ぶ姿を描く。

『裁判員法廷』
芦辺 拓著
文春文庫

殺人事件をモデルにして、裁判員裁判がどのように行われるかをくわしく再現するリーガル・サスペンス。テレビや映画を見ているような臨場感あふれる裁判のやりとりを通じて、裁判員制度が自然に理解できるようになる。

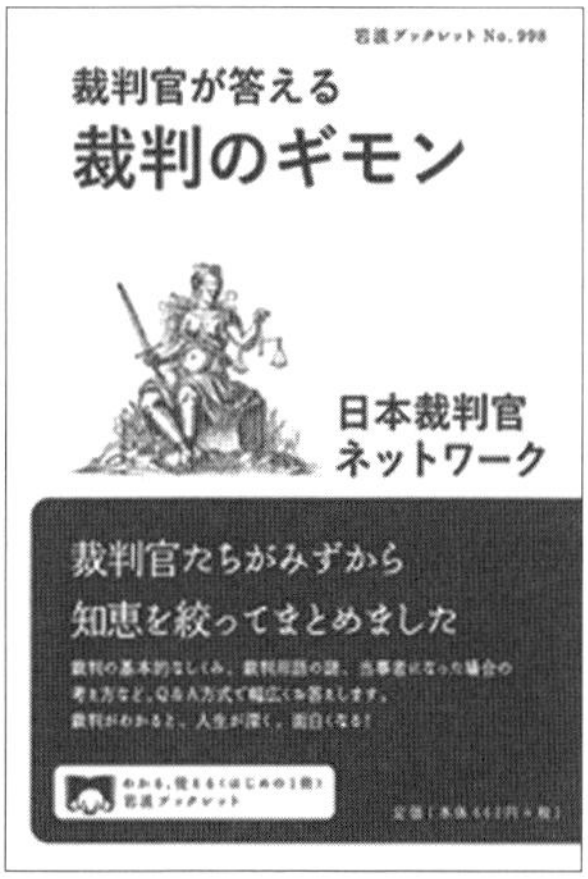

『裁判官が答える裁判のギモン』
日本裁判官ネットワーク著
岩波書店

現職の裁判官と元裁判官で構成するグループが、開かれた司法を推進するため、裁判の基本的仕組みや裁判用語の謎にQ&A方式で答えた本。刑事・民事・家事などの事件ごとに、わかりやすく解説する。

職業MAP! 興味があるのはどの仕事?

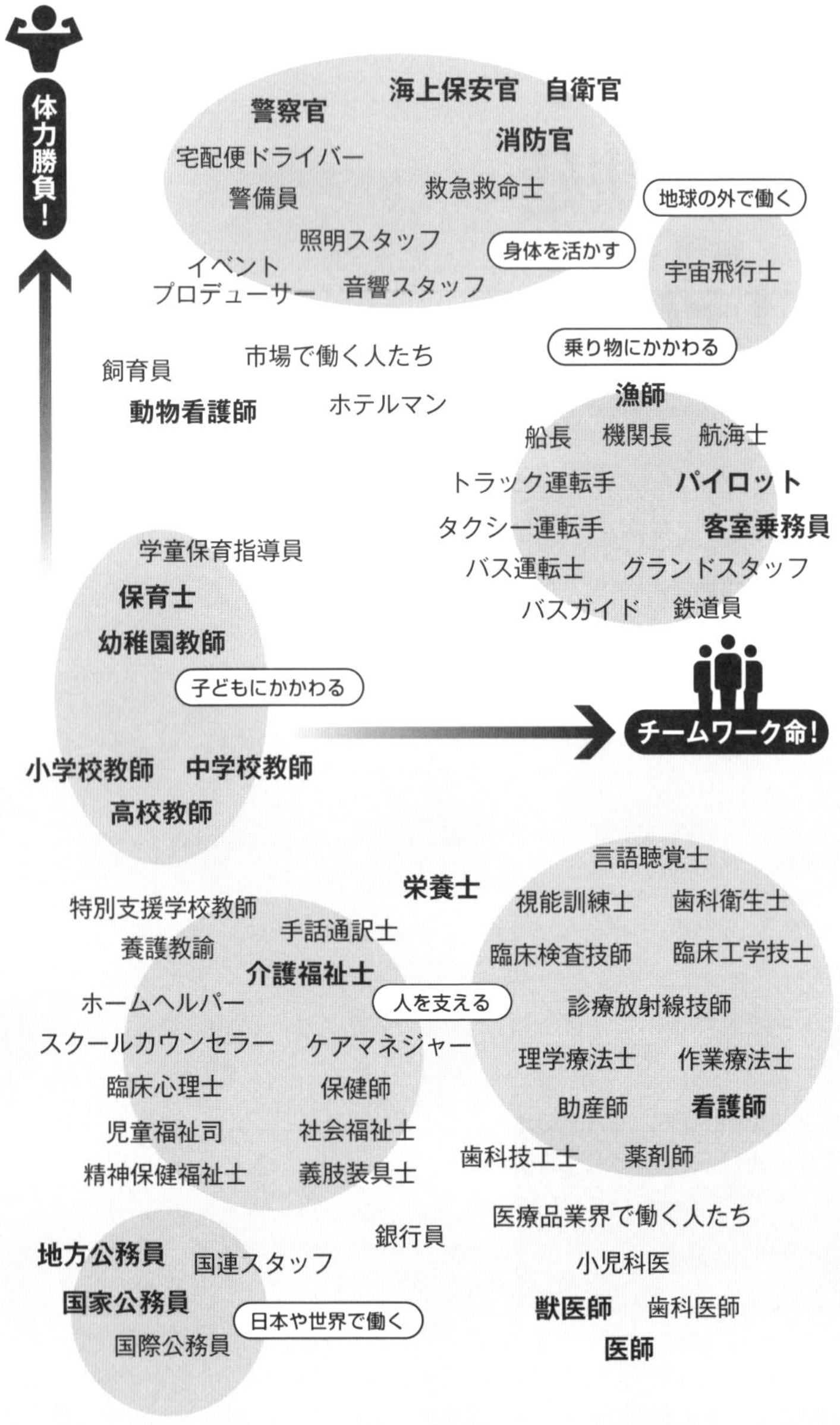

体力勝負!
チームワーク命!
身体を活かす
警察官
海上保安官
自衛官
消防官
宅配便ドライバー
警備員
救急救命士
照明スタッフ
イベントプロデューサー
音響スタッフ
地球の外で働く
宇宙飛行士
乗り物にかかわる
飼育員
市場で働く人たち
動物看護師
ホテルマン
漁師
船長
機関長
航海士
トラック運転手
パイロット
タクシー運転手
客室乗務員
バス運転士
グランドスタッフ
バスガイド
鉄道員
学童保育指導員
保育士
幼稚園教師
子どもにかかわる
小学校教師
中学校教師
高校教師
言語聴覚士
栄養士
特別支援学校教師
視能訓練士
歯科衛生士
手話通訳士
養護教諭
臨床検査技師
臨床工学技士
介護福祉士
人を支える
ホームヘルパー
診療放射線技師
スクールカウンセラー
ケアマネジャー
理学療法士
作業療法士
臨床心理士
保健師
助産師
看護師
児童福祉司
社会福祉士
歯科技工士
薬剤師
精神保健福祉士
義肢装具士
医療品業界で働く人たち
銀行員
地方公務員
国連スタッフ
小児科医
国家公務員
日本や世界で働く
獣医師
歯科医師
国際公務員
医師

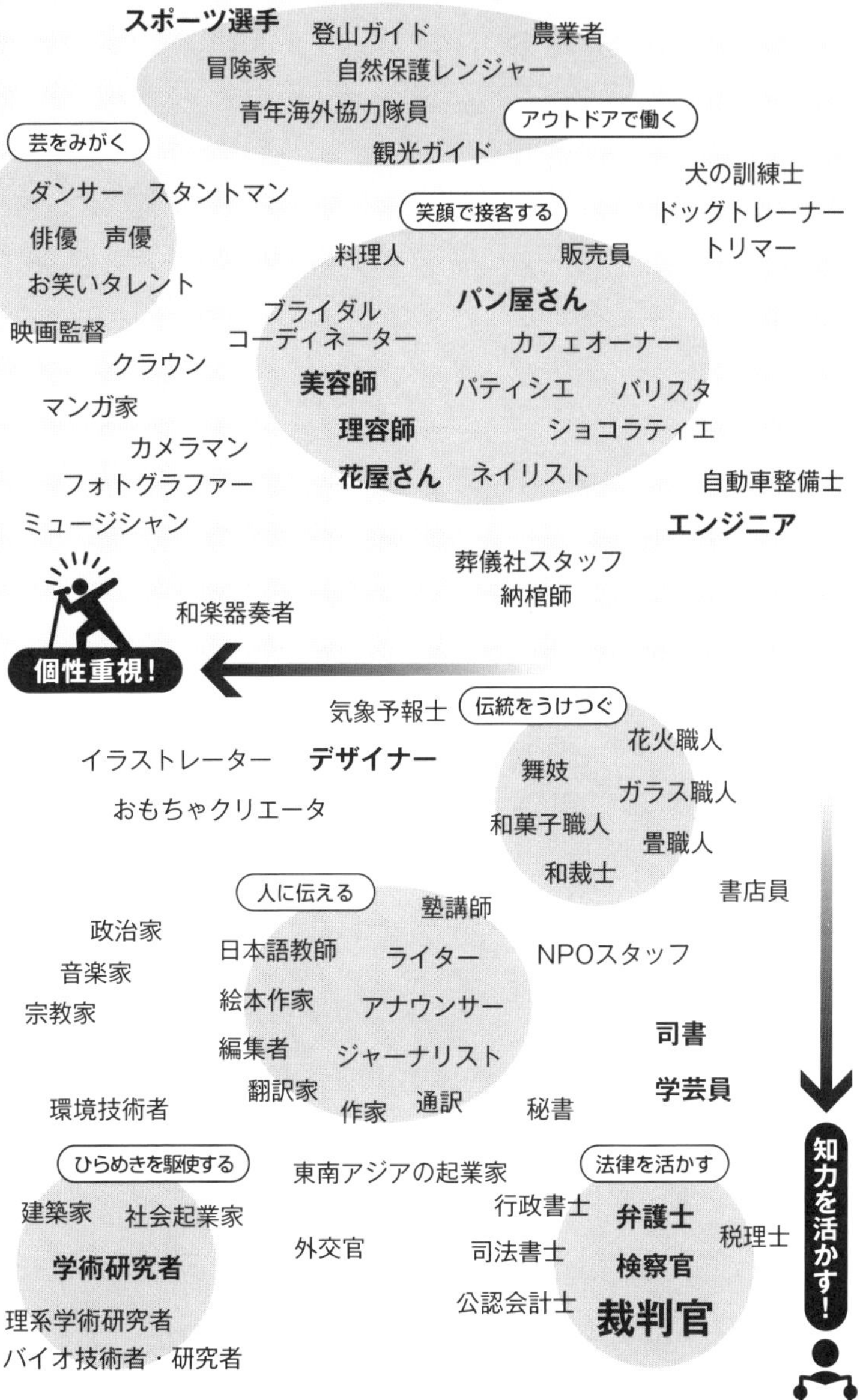
スポーツ選手
登山ガイド
農業者
冒険家
自然保護レンジャー
青年海外協力隊員
アウトドアで働く
観光ガイド
芸をみがく
ダンサー
スタントマン
俳優
声優
お笑いタレント
映画監督
クラウン
マンガ家
カメラマン
フォトグラファー
ミュージシャン
犬の訓練士
ドッグトレーナー
トリマー
笑顔で接客する
料理人
販売員
パン屋さん
ブライダルコーディネーター
カフェオーナー
美容師
パティシエ
バリスタ
理容師
ショコラティエ
花屋さん
ネイリスト
自動車整備士
エンジニア
葬儀社スタッフ
納棺師
和楽器奏者
個性重視！
気象予報士
伝統をうけつぐ
花火職人
イラストレーター
デザイナー
舞妓
ガラス職人
おもちゃクリエータ
和菓子職人
畳職人
和裁士
書店員
人に伝える
塾講師
政治家
日本語教師
ライター
NPOスタッフ
音楽家
絵本作家
アナウンサー
宗教家
司書
編集者
ジャーナリスト
翻訳家
学芸員
環境技術者
作家
通訳
秘書
ひらめきを駆使する
東南アジアの起業家
法律を活かす
建築家
社会起業家
行政書士
弁護士
税理士
外交官
学術研究者
司法書士
検察官
公認会計士
裁判官
理系学術研究者
バイオ技術者・研究者
知力を活かす！

［著者紹介］

飯島一孝（いいじま　かずたか）

フリーライター。毎日新聞社で記者として東京本社社会部司法クラブ、外信部、本社編集局編集委員などを歴任。著書に『六本木の赤ひげ』（集英社）、『ロシアのマスメディアと権力』（東洋書店）、『検察官になるには』（ぺりかん社）などがある。

裁《さい》判《ばん》官《かん》になるには

2020年12月15日　初版第1刷発行
2024年 7 月25日　初版第2刷発行

著　者　飯島一孝
発行者　廣嶋武人
発行所　株式会社ぺりかん社
〒113-0033　東京都文京区本郷1-28-36
TEL 03-3814-8515（営業）
03-3814-8732（編集）
http://www.perikansha.co.jp/
印刷所　株式会社太平印刷社
製本所　鶴亀製本株式会社

ISBN978-4-8315-1577-3　Printed in Japan

＊「なるには BOOKS」シリーズは重版の際、最新の情報をもとに、データを更新しています。

仕事の実際から
なり方まで解説

なるにはBOOKS

B6判／並製カバー装
平均160頁

130 検察官になるには

最高検察庁協力／
飯島一孝（元毎日新聞社編集委員）著

❶正義の心で捜査する！
❷検察官の世界［検察官とは何だろう？、検察の歴史、組織と仕組み他］
❸なるにはコース［適性と心構え、検事に必要な法曹資格、司法修習］
★★★

132 裁判官になるには

最高裁判所協力／
飯島一孝（元毎日新聞社編集委員）著

❶良心と法律で判断
❷裁判官の世界［裁判とは何だろう？、裁判所と裁判官、裁判官の仕事他］
❸なるにはコース［資質と心構え、法曹資格の取り方、司法修習他］
★★★

48 警察官になるには

宍倉正弘（元（財）全防連広報部長）著

❶市民の生活と安全を守る警察［湾岸警察署、機動捜査隊、交通機動隊他］
❷警察官の世界［警察の歴史、機構、警察官の待遇他］
❸なるにはコース［採用試験、警察学校、警察学校教官に聞く］
☆

88 消防官になるには

益田美樹（ジャーナリスト）著

❶あらゆる危険から人びとを守る！
❷消防官の世界［消防の歴史、消防の組織と仕組み、働く場所と仕事内容、生活と収入、将来性他］
❸なるにはコース［適性と心構え、採用試験、就職、消防学校］
★★★

114 自衛官になるには

岡田真理（フリーライター）著

❶自衛隊の現場
❷自衛官の世界［自衛隊とは、自衛隊の仕事、陸海空それぞれの役割、自衛隊の職種、自衛官の生活と収入他］
❸なるにはコース［適性と心構え、自衛官の採用試験、それぞれの養成学校］
★★★

65 地方公務員になるには

井上繁（元常磐大学教授）編著

❶地域のために
❷地方公務員の世界［地方公務員とは、地方公務員の職場・組織、さまざまな地方公務員、生活と収入、将来］
❸なるにはコース［適性と心構え、試験の概要、就職の実際］
☆

20 国家公務員になるには

井上繁（元常磐大学教授）編著

❶国民全体の奉仕者として
❷国家公務員の世界［国家公務員とは、国家公務員の特殊性、役所の機構と業務、生活と収入他］
❸なるにはコース［適性と心構え、なるための道のり、試験の概要他］
☆

83 国際公務員になるには

横山和子（東洋学園大学特任教授）著

❶世界の平和と安全に取り組む国際公務員
❷国際公務員の世界［日本と国連とのかかわり、国連・国際機関の組織と仕組み、職場と仕事、生活と収入、将来性］
❸なるにはコース［適性と心構え、国際公務員への道のり、なるための準備］
★★★

51 青年海外協力隊員になるには

益田美樹（ジャーナリスト）著

❶自分の技術と経験を活かす青年海外協力隊員
❷青年海外協力隊員の世界［青年海外協力隊とは、青年海外協力隊の歴史、社会的意義と役割、選考と試験他］
❸ほかにもある海外協力［国連組織で働く、民間で行う支援］
★★★

21 弁護士になるには

田中宏（中央大学法科大学院実務講師）・
山中伊知郎（フリーライター）著

❶法律の現場から
❷弁護士の世界［「弁護」と弁護士の歴史、弁護士の活躍の場、生活と収入、将来］
❸なるにはコース［適性と心構え、司法試験、司法修習、就職活動］
☆

☆☆☆…1600円　★★★…1500円　☆☆…1300円　★★…1270円　☆…1200円　★…1170円（税別価格）

19 司書になるには
森智彦（東海大学専任准教授）著
❶本と人をつなぐ仕事
❷司書の世界［図書館とは何か、司書・司書教諭・学校司書の仕事、図書館と司書の未来、生活と収入］
❸なるにはコース［適性と心構え、資格の取得方法、就職の実際他］
★★★

16 保育士になるには
金子恵美（日本社会事業大学教授）編著
❶子どもたちの成長に感動する日々！
❷保育士の世界［保育士の仕事、保育の歴史、保育士の働く施設と保育の場、勤務体制と収入］
❸なるにはコース［適性と心構え、資格取得について、採用について］
☆

110 学芸員になるには
横山佐紀（中央大学准教授）著
❶モノと知の専門家
❷学芸員の世界［博物館とはなんだろう、博物館の種類、学芸員とは、仕事と職場、さまざまな専門性、生活と収入他］
❸なるにはコース［適性と心構え、資格の取得方法、就職の実際他］
★★★

56 幼稚園教諭になるには
大豆生田啓友（玉川大学教育学部教授）著
❶子どもたちの最初の先生！
❷幼稚園教諭の世界［変化する幼稚園、幼稚園教諭の役割、幼稚園・認定こども園で働く人たち他］
❸なるにはコース［幼稚園教諭の適性、免許の取得方法、就職他］
★★★

34 管理栄養士・栄養士になるには
藤原眞昭（群羊社代表取締役）著
❶“食”の現場で活躍する
❷管理栄養士・栄養士の世界［活躍する仕事場、生活と収入、将来性他］
❸なるにはコース［適性と心構え、資格をとるには、養成施設の選び方、就職の実際他］／養成施設一覧
☆

89 中学校・高校教師になるには
森川輝紀（福山市立大学教育学部教授）編著
❶生徒とともに学び続ける
❷中学校・高校教師の世界［中学校教師の職場と仕事、高校教師の1年間の仕事、実技系教師、給与他］
❸なるにはコース［心構え、資格を取るには、教壇に立つには］
☆

27 学術研究者になるには(人文・社会科学系)(改訂版)
小川秀樹（岡山大学教授）著
❶第一線で活躍する研究者たち
❷学術研究者の世界［学術研究者とは、人文・社会科学系の学問とは、研究所の実際、研究者の生活他］
❸なるにはコース［適性と心構え、就職の実際他］／他
☆

66 特別支援学校教諭になるには
松矢勝宏（東京学芸大学名誉教授）・宮崎英憲・高野聡子編著
❶特別支援学校ってどんなところ？
❷特別支援学校教諭の世界［障害のある子どものための学校教育の歴史他］
❸なるにはコース［適性と心構え、必要な教員免許状、養成機関、採用・就職］
★★★

143 理系学術研究者になるには
佐藤成美（サイエンスライター）著
❶研究する日々の喜び！
❷理系学術研究者の世界［学術研究者と論文、理系の学問と研究分野、研究施設のいろいろ、生活と収入他］
❸なるにはコース［適性と心構え、理系学術研究者への道他］
☆

105 保健師・養護教諭になるには
山崎京子（元茨城キリスト教大学教授）監修
鈴木るり子・標美奈子・堀篭ちづ子編著
❶人びとの健康と生活を守りたい
❷保健師の世界［保健師とは？、仕事と職場、収入・将来性、なるにはコース］
❸養護教諭の世界［養護教諭とは？、仕事と職場、収入・将来性、なるにはコース］
★★★

【なるにはBOOKS】ラインナップ　税別価格 1170円〜1700円

1——パイロット
2——客室乗務員
3——ファッションデザイナー
4——冒険家
5——美容師・理容師
6——アナウンサー
7——マンガ家
8——船長・機関長
9——映画監督
10——通訳者・通訳ガイド
11——グラフィックデザイナー
12——医師
13——看護師
14——料理人
15——俳優
16——保育士
17——ジャーナリスト
18——エンジニア
19——司書
20——国家公務員
21——弁護士
22——工芸家
23——外交官
24——コンピュータ技術者
25——自動車整備士
26——鉄道員
27——学術研究者（人文・社会科学系）
28——公認会計士
29——小学校教諭
30——音楽家
31——フォトグラファー
32——建築技術者
33——作家
34——管理栄養士・栄養士
35——販売員・ファッションアドバイザー
36——政治家
37——環境専門家
38——印刷技術者
39——美術家
40——弁理士
41——編集者
42——陶芸家
43——秘書
44——商社マン
45——漁師
46——農業者
47——歯科衛生士・歯科技工士
48——警察官
49——伝統芸能家
50——鍼灸師・マッサージ師
51——青年海外協力隊員
52——広告マン
53——声優
54——スタイリスト
55——不動産鑑定士・宅地建物取引士
56——幼稚園教諭
57——ツアーコンダクター
58——薬剤師
59——インテリアコーディネーター
60——スポーツインストラクター
61——社会福祉士・精神保健福祉士
62——中小企業診断士
63——社会保険労務士
64——旅行業務取扱管理者
65——地方公務員
66——特別支援学校教諭
67——理学療法士
68——獣医師
69——インダストリアルデザイナー
70——グリーンコーディネーター
71——映像技術者
72——棋士
73——自然保護レンジャー
74——力士
75——宗教家
76——CGクリエータ
77——サイエンティスト
78——イベントプロデューサー
79——パン屋さん
80——翻訳家
81——臨床心理士
82——モデル
83——国際公務員
84——日本語教師
85——落語家
86——歯科医師
87——ホテルマン
88——消防官
89——中学校・高校教師
90——動物看護師
91——ドッグトレーナー・犬の訓練士
92——動物園飼育員・水族館飼育員
93——フードコーディネーター
94——シナリオライター・放送作家
95——ソムリエ・バーテンダー
96——お笑いタレント
97——作業療法士
98——通関士
99——杜氏
100——介護福祉士
101——ゲームクリエータ
102——マルチメディアクリエータ
103——ウェブクリエータ
104——花屋さん
105——保健師・養護教諭
106——税理士
107——司法書士
108——行政書士
109——宇宙飛行士
110——学芸員
111——アニメクリエータ
112——臨床検査技師
113——言語聴覚士
114——自衛官
115——ダンサー
116——ジョッキー・調教師
117——プロゴルファー
118——カフェオーナー・カフェスタッフ・バリスタ
119——イラストレーター
120——プロサッカー選手
121——海上保安官
122——競輪選手
123——建築家
124——おもちゃクリエータ
125——音響技術者
126——ロボット技術者
127——ブライダルコーディネーター
128——ミュージシャン
129——ケアマネジャー
130——検察官
131——レーシングドライバー
132——裁判官
133——プロ野球選手
134——パティシエ
135——ライター
136——トリマー
137——ネイリスト
138——社会起業家
139——絵本作家
140——銀行員
141——警備員・セキュリティスタッフ
142——観光ガイド
143——理系学術研究者
144——気象予報士・予報官
145——ビルメンテナンススタッフ
146——義肢装具士
147——助産師
148——グランドスタッフ
149——診療放射線技師
150——視能訓練士
151——バイオ技術者・研究者
152——救急救命士
153——臨床工学技士
154——講談師・浪曲師
155——AIエンジニア
156——アプリケーションエンジニア
157——土木技術者
158——化学技術者・研究者
159——航空宇宙エンジニア
160——医療事務スタッフ
161——航空整備士
162——特殊効果技術者
補巻24　福祉業界で働く
補巻25　教育業界で働く
補巻26　ゲーム業界で働く
補巻27　アニメ業界で働く
補巻28　港で働く
別巻　レポート・論文作成ガイド
別巻　中高生からの防犯
別巻　会社で働く
別巻　大人になる前に知る 老いと死
別巻　中高生の防災ブック
高校調べ　総合学科高校
高校調べ　農業科高校
高校調べ　商業科高校
教科と仕事　英語の時間
教科と仕事　国語の時間
教科と仕事　数学の時間
学部調べ　理学部・理工学部
学部調べ　社会学部・観光学部
学部調べ　工学部
学部調べ　外国語学部
学部調べ　環境学部
学部調べ　国際学部
学部調べ　経済学部
学部調べ　人間科学部
学部調べ　情報学部
——以降続刊——

※一部品切・改訂中です。　2023.12.